ÉTUDES PRATIQUES

SUR

L'INDUSTRIE

DES MARBRES

EN FRANCE

Articles publiés dans le JOURNAL DES TRAVAUX PUBLICS, de Paris

PAR

M. J.-O. TOURNIER

INGÉNIEUR CIVIL

Prix: 3 francs.

PARIS

LIBRAIRIE CENTRALE DES ARTS ET MANUFACTURES
AUGUSTE LEMOINE, Éditeur
19, QUAI MALAQUAIS, 19

1869

ÉTUDES PRATIQUES

SUR

L'INDUSTRIE DES MARBRES

EN FRANCE.

IMPRIMERIE DE E. BRIÈRE, 257, RUE SAINT-HONORÉ.

SUR

L'INDUSTRIE
DES MARBRES

EN FRANCE

Articles publiés dans le JOURNAL DES TRAVAUX PUBLICS, de Paris

PAR

M. J.-O. TOURNIER

INGÉNIEUR CIVIL

PARIS

LIBRAIRIE CENTRALE DES ARTS ET MANUFACTURES
AUGUSTE LEMOINE, Éditeur
19, QUAI MALAQUAIS, 19

1869

ÉTUDES PRATIQUES

SUR

L'INDUSTRIE DES MARBRES

EN FRANCE

AVANT-PROPOS.

1ᵉʳ Article.
24 juin 1869.

Toutes les grandes industries modernes ont été entièrement modifiées, améliorées et transformées depuis un demi-siècle par les progrès aussi subits que rapides des sciences théoriques et appliquées.

Les chemins de fer, d'abord, ont procuré, tant par l'abaissement des prix de transport que par la régularité et la promptitude de leur marche, une facilité inespérée aux expéditions de grande distance, aux correspondances et aux voyages si nécessaires pour la bonne gestion et le développement des opérations commerciales.

La Dynamique a aidé et simplifié la main-d'œuvre.

La Minéralogie et la Chimie ont étendu leur domaine, et après avoir été spécifiées et précisées, elles ont rendu d'éminents services au point de vue de l'industrie.

Tout a marché,—les sciences s'entraidant mutuellement,—vers ce grand perfectionnement de toutes choses qui constitue le progrès et qui nous promet une amélioration de l'existence humaine, et un bien-être qui se répandra sur toutes les classes de la société.

Au milieu de toutes les transformations auxquelles nous assistons, une industrie qui devrait occuper un des premiers rangs dans cette marche progressive, parce qu'elle possède aujourd'hui les éléments les plus sûrs de succès : l'abondance de la matière première, la facilité des transports et surtout des débouchés considérables, en même temps que des occasions fréquentes d'applications nouvelles ; cette industrie, disons-nous, est restée en arrière et a persisté, malgré quelques efforts improductifs, à demeurer dans un état d'impuissance et d'imperfection tel, qu'au lieu de participer à cette rénovation universelle, elle s'est même amoindrie sous bien des rapports.

Nous voulons parler de l'*Industrie des Marbres en France*.

Les vices d'extraction, le choix des carrières et des blocs fait sans discernement et sans intelligence, les embarras et frais exorbitants du commerce de gros, l'absence presque totale de machines pour remplacer ou multiplier une main-d'œuvre très-difficile et très-coûteuse, l'apathie ou le défaut d'initiative des notables commerçants qui n'ont pas assez cherché à étendre et varier leurs travaux, tout a contribué à établir une situation anormale et défavorable à cette industrie. Pourtant, elle serait appelée à un accroissement extraordinaire dans un siècle où le luxe des monuments publics et des habitations particulières lui ouvre un vaste champ de prospérité si on savait rechercher les moyens pratiques de la renouveler et de la vulgariser.

Nous étudierons dans les chapitres suivants les remèdes à apporter à cette situation regrettable, en examinant :

1° La richesse minérale de la France, en marbres ;

2° Les perfectionnements à introduire dans cette branche de commerce ;

3° Le développement et les usages nouveaux ou plus fréquents dont elle est susceptible ;

4° Un quatrième chapitre, contenant quelques généralités, donnera le résumé et la conclusion de notre travail.

CHAPITRE PREMIER.

RICHESSE MINÉRALE DE LA FRANCE EN MARBRES.

Nous n'avons point à faire l'histoire des marbres en France, soit antiques, soit modernes, cela ne rentre pas dans le cadre de ce travail abrégé, et bien que l'étude des vicissitudes qu'ils subirent puisse être très-curieuse, nous ferons observer seulement que les rois de France eurent toujours en grande estime les marbres français, dont plusieurs exploitations furent maintenues jusqu'au milieu du siècle de Louis XV.

Alors la mode voulut que tous les marbres dont il était fait usage fussent tirés d'Italie ; ce fut une défaveur générale, irrationnelle et très-imméritée de toutes nos productions de cette nature, si bien que certains exploitants durent changer le nom de leurs produits pour les faire accepter par le public, et c'est ainsi que le marbre *griotte* prit le nom de *griotte d'Italie*, bien qu'il ne fût extrait que des carrières du Languedoc.

Cette mode désastreuse pour l'industrie française prit de telles proportions par la suite, qu'elle s'est perpétuée jusqu'à notre époque pour constituer le triste préjugé qui condamne les marbres français et refuse de leur reconnaître une valeur et un mérite au moins égaux à ceux d'Italie, préjugé profondément enraciné, que l'on n'est point encore parvenu à détruire. Mais notre siècle, après avoir donné des preuves fréquentes de sagacité à l'égard de tant d'autres vieilles erreurs trop accréditées, ne tarderait pas à abandonner celle-ci, par un revirement intelligent d'opinion, si nos marbres étaient mieux employés et mieux connus.

Quels sont les marbres de France présentement exploités, et quels sont ceux dont on néglige l'extraction?

Tel a été l'objet de notre examen et de nos recherches, dont voici le résultat :

1° Marbres blancs statuaires.

Celui qui est le plus universellement connu, et, du reste, l'unique dont il soit fait en ce moment une exploitation régulière, est le marbre blanc de Saint-Béat.

Exploité par les Romains, puis abandonné pendant long-temps, ressuscité un instant par Colbert, condamné par Félibien, tour à tour vanté et discrédité à notre époque, il a enfin été remis en exploitation depuis 1820.

Ses qualités principales sont :

1° Sa blancheur sans égale et que nul autre marbre statuaire n'a peut-être possédée au même degré ;

2° Sa *tendreté*, qui le rend si docile sous le ciseau du sculpteur.

Il est vrai que ses blocs contiennent parfois certaines parties presque sablonneuses, qui ont fait dire de ce marbre qu'il a le *pouf*, en terme technique ; mais les marbres statuaires les plus estimés ne sont pas exempts de défectuosités analogues et même plus graves, ainsi que nous aurons lieu de le faire remarquer ci-après.

Sa contexture à gros grains lamelleux et brillants et sa tendreté lui donnent une grande ressemblance avec le marbre antique de Paros.

— Dans l'arrondissement de Bagnères-de-Bigorre il existe un autre marbre blanc statutaire dont la carrière, ouverte depuis des temps très-anciens, fut réexploitée vers 1750 par l'ingénieur Le Roy, dont les tentatives eurent le plus déplorable résultat. Soit incurie, soit connivence des ouvriers avec les marbriers italiens qui redoutaient une concurrence, des trous de mine furent percés verticalement, dit-on, dans l'épaisseur du gisement. Un ébranlement général s'en suivit, et la carrière ne put fournir que des marbres tout pénétrés de crevasses et fêlures qui les rendaient impropres à un travail quelconque. — Tout retomba dans l'oubli qui avait précédé ces essais d'exploitation sinon coupables, du moins inintelligents.

La carrière fut retrouvée en 1820 et ouverte du côté opposé

à la première entrée, si indignement saccagée ; une Compagnie
de Toulouse, qui paraissait constituée sur des bases solides, en
reprit l'exploitation ; des subventions furent demandées au gouvernement pour favoriser cette industrie nouvelle dont les députés de l'époque firent les plus grands éloges (¹). Mais, soit par
l'imperfection des chemins, soit par la difficulté pour ce nouveau
marbre statuaire de lutter contre les vieux préjugés, soit par
le manque de capitaux, cette Société ne tarda pas à disparaître,
laissant dans un abandon complet des ateliers de marbrerie très-
vastes et des carrières de très-beaux marbres à peine ouvertes.

Ce marbre blanc mérite une attention toute spéciale. Il est
supérieur à celui de Saint-Béat et l'égal du marbre si célèbre de
Carrare, dont il possède toutes les qualités : contexture saccharoïde, finesse de grain, dureté, transparence, couleur mate
d'ivoire ou de cire blanche un peu jaunie; et tous les défauts :
ondulation gris-noirâtre traversant la masse du gisement, et
cristaux de roche apparaissant parfois dans les blocs, mais rarement.

Tels sont les caractères distincts de ce marbre des Hautes-
Pyrénées, sur lequel les jugements les plus contraires ont été pro-
noncés par des auteurs qui n'étaient point en mesure de juger
par eux-mêmes et qui n'ont fait que reproduire les opinions des
enthousiastes ou des calomniateurs.

Nous avons visité la carrière, nous en avons retiré quelques
fragments de marbre et nous sommes convaincu que lors même
que ce marbre, malgré tous les éloges que les gens les plus
compétents en ont fait, ne serait point utile à la statuaire; il
pourrait être employé avec grands avantages dans l'architecture
et la décoration des constructions publiques ou particulières.

Sa solidité, sa résistance à l'écrasement sont certaines ; —
c'est un marbre précieux à exploiter.

La carrière est présentement abandonnée.

Les difficultés de toutes natures qui ont causé l'insuccès de la
Société qui se constitua en 1820 pour son exploitation sont entièrement disparues aujourd'hui, et ce marbre serait plus juste-
ment apprécié et plus utilement exploité de nos jours.

(¹) Voir l'Appendice, n° 9.

Il serait d'autant plus à désirer qu'on pût trouver en France un marbre digne de remplacer en tous points les marbres statuaires d'Italie, que nos voisins nous traitent avec un sans façon étrange en ne nous expédiant que des blocs de qualité inférieure, ainsi que l'attestent les nombreuses sculptures qui figurent chaque année à l'Exposition des beaux-arts.

— D'autres marbres blancs statuaires gisent dans nos Pyrénées.

Le marbre vierge de Bayonne, qui résiste mal aux influences atmosphériques, qui se tache et jaunit rapidement à l'humidité, mais qui peut être d'un usage utile dans la décoration intérieure.

Le marbre de Louvie, qui ne se présente que par bancs de faible épaisseur, mais qui, malgré sa teinte grise, pourrait être employé sous bien des formes.

— Des carrières de marbres blancs inexploitées existent dans le département de l'Ariége. Les gisements en sont très-vastes, et l'on pourrait en extraire des blocs en grande dimension; mais personne n'a encore tenté de mettre ces carrières en valeur. Le marbre gît sous une couche peu épaisse de matières décomposées par les pluies, entraînées par les éboulements qui descendent des montagnes voisines, et les travaux de déblaiement que nécessite l'ouverture de ces carrières ont jusqu'à présent effrayé les entrepreneurs.

— Les marbres blancs, très-remarquables, des Pyrénées-Orientales, pouraient fournir d'excellentes matières pour la sculpture. Ils ont été exploités autrefois par les Romains et les Sarrazins. On peut citer principalement :

1° Le marbre saccharoïde d'*Els Gitanos*, à grains brillants et lamelleux, comme dans les marbres de Saint-Béat et de Paros;

2° Les marbres blancs d'*El Buix*, dont les affleurements tracent de longs sillons luisants à travers la pelouse et la verdure qui les recouvre et les envahit.

L'exploitation n'en a pas même été tentée, et cependant elle pourrait fournir un très-beau marbre blanc cristallin ;

3° Les carrières de marbres blancs statuaires de Py méritent aussi une attention et une réexploitation immédiates.

Nous limiterons à ces trois marbres blancs nos citations relatives aux productions de cette nature dans les Pyrénées-Orientales ; mais nous en connaissons un bien plus grand nombre ; et
nous avons acquis la conviction qu'ils possèdent une valeur dont
on ne s'est pas rendu compte de nos jours.

Leur ancienne réputation devrait être rétablie et assurée.

Placés sous la main d'un ingénieur ou entrepreneur zélé et
pourvu des capitaux indispensables pour les travaux prépara-
toires d'ouverture de carrières, pour l'établissement de quelques
sections de chemins destinés à faciliter l'accès des exploitations
et à les mettre en communication avec les routes voisines, ces
marbres deviendraient, sans nul doute, une source puissante de
gros bénéfices, en fournissant des produits nouveaux et très-
parfaits à la sculpture et à l'industrie des marbres.

Le jour n'est pas éloigné, nous l'espérons, où les opinions
erronées et de parti pris tomberont, pour faire place à une plus
saine appréciation de nos produits minéraux de ce genre. La
France reconnaîtra enfin qu'elle a été richement dotée par la
nature de toutes variétés de marbres blancs statuaires et qu'elle
n'a rien à envier aux sols étrangers. Le gouvernement ne refu-
sera pas sa protection et son appui, nous en sommes persuadé,
aux ingénieurs courageux et actifs qui s'efforceront d'arriver à
la mise en valeur ou à la réexploitation de ces marbres rares,
et qui n'hésiteront pas à se dévouer à une tâche aussi lourde et à
l'accomplissement d'une œuvre aussi nationale.

2° **Marbres de couleur.**

2° Article.
1er juillet 1869.
Ceux que nous possédons en France sont en espèces si nombreuses et souvent si magnifiques, qu'on ne peut se soustraire à
un étonnement pénible en voyant que l'industrie française
accepte et même recherche des marbres étrangers qui sont très-
inférieurs à ceux dont on néglige l'extraction dans nos régions
méridionales, ou qui, malgré leur beauté, ne sont point supé-
rieurs aux nôtres et coûtent en outre un prix excessif.

Le tableau des droits de douane nous révèle des importations
s'élevant à un chiffre incompréhensible pour celui qui peut

étudier la valeur des marbres français et la profonde étendue de leurs gisements.

Sur les 89 départements, en effet, nous en trouvons plus de 50 qui peuvent fournir des marbres à l'industrie.

Les départements du Nord et du Pas-de-Calais exploitent abondamment, depuis quelques années à peine, tous les marbres que le commerce qualifie de *communs*, et qu'en vérité en voit bien fréquemment figurer dans nos décors d'ameublement, nous dirons même trop fréquemment, car on n'en connaît point d'autres dans bien des villes de France ; si bien qu'en voyant avec qu'elle profusion on les emploie, on serait tenté de croire que l'industrie ne peut livrer chez nous, à un prix modéré et acceptable, que ces marbres ternes, monotones et imparfaits.

Les départements du Jura et des Vosges font l'extraction de quelques marbres qui ne sont point sans mérite, mais peu nombreux.

La Mayenne et la Sarthe expédient dans les départements qui les avoisinent, et qui sont très-éloignés de tous autres lieux de production, plusieurs marbres *communs*, tout aussi répandus que ceux de Flandre, et tout aussi peu agréables à l'œil, sauf des exceptions très-restreintes.

Les départements des Alpes et du Var peuvent exploiter des marbres de qualités supérieures, auxquels le commerce ferait très-bon accueil, mais qui sont encore peu connus et peu recherchés.

— Le pays des *marbres français*, par excellence, les départements où ils abondent en variétés, en couleurs, en qualités incomparables et en vastes gisements, sont les départements voisins des Pyrénées : Haute-Garonne, Ariége, Hautes-Pyrénées, Aude, Hérault, Pyrénées-Orientales et Basses-Pyrénées.

Cette contrée renferme des marbres dont la valeur, à tous égards, surpasse tout ce que les autres parties du territoire français peuvent produire en cette matière. C'est précisément à ces marbres uniques en Europe, dignes de prendre dans l'industrie la place d'honneur qui lui est due, et que les marbres d'Italie ont usurpée dans notre pays depuis trop longtemps, qu'il convient de donner le nom générique de *marbres de France*.

Là, au centre des Pyrénées et de l'ancien Languedoc, gisent

donc de très-belles et très-puissantes carrières de marbre, les unes injustement délaissées depuis longtemps, d'autres faiblement et inhabilement exploitées; d'autres, enfin, en très-grand nombre, encore inconnues et cachées, vierges de toute exploitation, dont nous avons constaté l'existence et la situation par nos travaux personnels.

Dans les plaines et sur les pentes des montagnes apparaissent parfois les affleurements de ces marbres superbes. C'est une profusion et une abondance que le minéralogiste admire avec d'autant plus de surprise que les gens du pays eux-mêmes ignorent bien souvent l'existence de ces richesses ou n'en font aucun cas, parce qu'ils n'ont encore pu en tirer aucun parti convenable. Dans beaucoup de communes, en effet, on n'utilise ces marbres qu'à l'état de pierres grossièrement taillées pour les constructions des maisons ou à l'état de pierres calcaires pour en opérer la cuisson dans des fours à chaux, ou même sous forme de cailloutis pour en composer le macadam des grandes routes. Or le moindre de ces marbres, réduits à ces humbles emplois, serait l'objet d'une attention sérieuse et d'une exploitation réglée, si la nature en eût fait don à l'un de ces départements industriels de la France, où les populations, moins indolentes que dans les Pyrénées, n'eussent point manqué de faire valoir toutes ces matières premières d'un grand commerce.

L'esprit industriel, si vif et si ingénieux dans les départements du Nord, n'a point encore pénétré dans nos régions méridionales, et leurs habitants foulent chaque jour aux pieds et laissent dans l'abandon mille substances minérales de toutes espèces; gîtes métallifères, houilles, marbres, ardoises, etc., dont l'extraction ferait la fortune de ceux qui seraient plus habiles et plus entreprenants.

Il est vrai que, pour exploiter ces marbres avec le soin qu'ils exigent, il faudrait que l'entrepreneur ne manquât point de capitaux dès le début. — Les gisements sont quelquefois situés dans le voisinage des routes; mais très-fréquemment aussi à une distance assez grande de voies de communication pour qu'il soit nécessaire de construire quelques tronçons de chemins afin de faciliter les abords du gisement et permettre aux chars d'avancer jusqu'à la carrière. Presque toujours des fouilles sont à faire pour arriver à la partie exploitable de la mine. Enfin, dans beaucoup de cas, les gisements ne sont pas apparents et ne peuvent être découverts et appréciés qu'à l'aide des sciences spéciales. Or, ces travaux préliminaires et ces recherches demandent des avances de fonds que personne, jusqu'à ce jour, n'a eu la volonté ou le courage d'employer à les exécuter. Personne n'a encore tenté de relever et développer une industrie dont les heureux succès peuvent pourtant être aisément prévus dans l'avenir et devraient encourager énergiquement les capitaux craintifs.

— Nous n'essaierons pas de décrire tous les marbres de couleur que l'on peut rencontrer dans les Pyrénées.

Les marbres actuellement mis en valeur dans le midi de la France sont peu nombreux, et tout le monde connaît aujourd'hui les plus remarquables.

En première ligne : les Campan, les Sarrancolin, les Beyrède et les griotte d'Italie, tous marbres aussi splendides en leurs couleurs et aussi agréables à l'œil par leurs bigarrures que parfaits et solides en leur structure, ainsi que susceptibles d'un très-beau poli.

Puis on peut ajouter : les Héréchède, le vert de moulin, la brèche jaune, la brèche de Médoux, l'incarnat du Languedoc ou marbre du roi, et le griotte des Pyrénées.

Mais de tous ces marbres extraits, les premiers ne sont point uniques en perfection, en couleurs vives et en contexture accidentée produisant de très-beaux effets. Les carrières en ont été ouvertes dans des circonstances particulières qui ont manqué à d'autres marbres de qualité égale et que l'oubli recouvre toujours. — Les carrières de Campan et de Sarrancolin étaient situées, dit-on, dans les domaines du marquis d'Antin, gouverneur général des bâtiments du roi sous Louis XIV. Ce seigneur, jaloux d'orner les palais de son souverain avec les marbres dont il possédait les gîtes, en fit opérer l'extraction pour la première fois, et dès lors les marbres de cette vallée figurèrent dans les monuments royaux. Si un heureux hasard ne les avait placés sous la main de ce personnage, ils seraient encore ignorés peut-être, et nous ne pourrions pas admirer les plus célèbres produits de nos carrières.

D'autres marbres aussi remarquables que ceux-là, moins

avantagés par le sort, attendent encore dans leur isolement la main soigneuse qui doit les faire sortir de leur retraite obscure pour les mener à une juste célébrité.

D'autre part, certains marbres pyrénéens, dont on fait l'exploitation présentement, ne méritent à aucun titre la faveur qu'ils obtiennent. Mais pour expliquer cette anomalie, il serait nécessaire d'entrer dans des détails très-longs sur les principes et procédés d'exploitation usités dans ces contrées, ainsi que sur les moyens de vente qui sont à la portée des exploitants, ce qui dépasserait de beaucoup le cadre que nous nous sommes tracé dans ce court aperçu ; nous nous contenterons donc d'en avoir fait la remarque.

— Parmi les marbres les plus ignorés dont nous avons fait la recherche et — nous pouvons l'affirmer — la découverte, il en est quelques espèces qui obtiendraient promptement dans le commerce un très-haut degré d'estime, et que l'industrie s'empresserait d'appliquer à des travaux de luxe et à des usages exceptionnels, s'ils étaient exploités.

Nous avons étudié la nature de tous ces marbres perdus, négligés ou entièrement nouveaux. —Nous connaissons leurs qualités, le lieu et l'étendue de leurs gisements, et nous avons consigné tous ces documents multiples, — fruits d'une longue recherche et de fréquents voyages, — dans une nomenclature très-explicite que nous nous réservons de publier prochainement. Par cette énumération et les nombreuses descriptions qui y sont jointes, il sera constaté jusqu'à l'évidence que l'industrie française ne connaît encore qu'une très-petite partie des marbres de choix que le sol français peut produire.

Nous signalerons, par extrait, les suivants :

1º *Marbre d'une couleur verte* très-vive, parsemé de veines blanches, parfois spathiques, et rehaussé accidentellement d'une légère teinte rose dont le contraste est d'un très-bel effet. Ce marbre serait employé avec avantage aux décors intérieurs les plus délicats.

2º *Marbre vert* amygdaloïde, moucheté de rouge. Il ne ressemble en rien au *vert de Moulin* qui lui est inférieur, et dont les couleurs ternes et rembrunies ne peuvent être comparées à celles de ce marbre éclatant.

3° *Marbre noir*, avec veines jaunes, très-analogue au *Portor*, qui est si rare dans le commerce et dont le prix atteint un chiffre fort élevé.

4° *Marbre jaune*, mélangé de rouge vif avec bigarrures de même couleur dont l'assemblage lui est très-particulier.

5° *Marbre couleur chocolat clair*, avec veines de même teinte mais plus foncée. Ce marbre, remarquable par ses nuances très-rares, par l'homogénéité et la finesse de sa pâte, est susceptible d'un poli très-brillant.

6° *Marbre gris*, avec nuances rouges et blanches. Sa structure est d'un grain très-fin et très-serré. Il est légèrement translucide.

7° *Brèche verte et jaune*, d'un cailloutage très-net et d'une adhérence parfaite.

8° *Brèche à petits noyaux* ovoïdes, blancs, gris, roses, rouges, bruns, noyés dans une pâte grise ou verdâtre.

9° *Marbre blanc veiné*, traversé de rubans gris ou bleus, dont les ondulations variées plaisent infiniment à la vue.

10° *Marbre noir* très-intense.

11° *Marbre blanc* veiné de jaune abricot, dont le grain est très-fin et très-compacte.

12° Enfin, *marbre bleu*, saccharoïde, diaphane, très-pur et très-homogène.

On peut juger, d'après ce court extrait, de l'importance des marbres dont l'exploitation pourrait être faite en France. Il serait temps que l'industrie marbrière, sortant de son inertie, pût enfin ouvrir les yeux sur toutes les richesses qui l'environnent et prît tous les moyens utiles pour les retirer de l'abandon où elles sont laissées.

Ce serait une opération très-sûre à entreprendre, car les marbriers des grandes villes, ne trouvant pas en France une variété suffisante de marbres, ni des exploitations assez actives, continuent, comme par le passé, à aller se pourvoir à l'étranger, soit en Belgique, soit en Italie ; bien que la Belgique ne fournisse, en général, que des marbres très-communs, sans mérite et à bas prix, tandis que l'Italie ne nous expédie que des marbres de luxe, mais excessivement coûteux.

Nous ne parlerons pas des *exportations* auxquelles pourraient donner lieu certains marbres français dont l'extraction serait convenablement dirigée et dont les prix seraient plus modérés qu'ils ne l'ont été jusqu'à ce jour. L'Angleterre, la Russie, et l'Italie elle-même s'empresseraient d'en employer de grandes quantités, si une réforme tendant à l'abaissement des prix en cours et à la mise en valeur de tant de produits négligés pouvait être introduite dans l'industrie des marbres français. — Nous traiterons cette question au chapitre III.

Nous devons une mention spéciale aux *granits* très-variés que l'on rencontre également dans les régions pyrénéennes et qui, exploités autrefois, sont encore abandonnés. Leur emploi est difficile, il est vrai, mais leur beauté est incomparable. Blancs, roses, gris, verts bruns et rouges, ils produiraient un excellent effet dans l'architecture monumentale. Leur contexture à gros et à petits grains les pourraient faire utiliser très-diversement.

Enfin, nous citerons plusieurs *porphyres* et *serpentines* non exploités, mais surtout un superbe *albâtre* aux allures d'agate, tout veiné de blanc, jaune, rouge, gris et quelquefois d'un bleu foncé ; plus ou moins transparent suivant la partie de la masse d'où on le tire. Il est susceptible d'un poli merveilleux. L'éclat de ses couleurs le rendent l'égal de l'*albâtre oriental* que le commerce recherche à grands frais pour l'exécution d'objets d'art et d'ameublement très-appréciés.

3ᵉ ARTICLE.
4 juillet 1869.

— Nous avons dit précédemment que les richesses minérales des Pyrénées sont bien souvent inconnues aux habitants mêmes des pays qui les contiennent, et nous avons regretté l'absence presque totale d'esprit industriel et d'appréciation commerciale dans les départements montagneux du Midi. Nous voulons, avant d'abandonner ce sujet, en donner une preuve d'une valeur irrécusable et que nos lecteurs ne connaîtront pas sans surprise :

— Nous avons compris que les ouvrages anciens traitant des produits minéraux qui abondent dans les Pyrénées n'aient point attaché une grande importance à des marbres qui étaient abandonnés depuis longtemps, ou dont l'exploitation n'avait jamais eu lieu, puisque l'impossibilité des débouchés en rendait l'extraction presque inutile et improductive. Mais nous regrettons que des ouvrages modernes, tout récents, écrits par des auteurs dont

la compétence ne devrait commettre aucun oubli, puissent garder un silence complet sur cette importante branche de l'industrie minérale. Ne devraient-ils pas savoir que les causes qui
annihilaient autrefois la valeur de ces marbres ont aujourd'hui
cessé d'exister?

Nous avons, en effet, voulu consulter le livre publié, en 1864,
par M. Cenac-Moncaut, correspondant du ministère de l'instruction publique, chargé de missions en Espagne, etc., dont le titre
est : *Les richesses des Pyrénées françaises et espagnoles.*

Nous avons lu dans la préface :

« — Nous ne croyons pas nous tromper en disant qu'un des
» malheurs des populations méridionales, une des causes les
» plus fâcheuses de leur infériorité agricole et industrielle, c'est
» leur ignorance des ressources naturelles que renferme leur
» pays, des tentatives qui ont été faites à d'autres époques pour
» les exploiter et de la valeur qu'elles sont susceptibles d'ac
» quérir avec des aménagements mieux entendus...

» Plus d'un homme influent, plus d'un administrateur juste
» ment estimé, » — nous ajouterons : plus d'un savant auteur
— « connaissant à fond tous les produits, tous les intérêts de leur
» département, ne sont pas toujours instruits des richesses qui
» existent, ni des besoins qui se font sentir dans les départements
» placés à quelque distance. »

Tout cela est parfaitement vrai et traduit très-exactement nos
observations particulières, même en ce qui concerne le second
alinéa dont on peut faire une application directe à l'auteur, car
s'il a traité longuement, en son livre, des richesses agricoles et
minières des départements pyrénéens, il n'a point dit un seul
mot des gisements considérables de marbres que l'on y trouve,
ni de l'industrie à laquelle ils peuvent apporter un développement merveilleux.

Dans un passage unique, il cite trois noms de marbriers de
Bagnères, en donnant le chiffre annuel de leurs productions en
œuvres de marbrerie, et encore ce document a-t-il été puisé,
comme nous l'avons constaté, dans une statistique publiée par
le gouvernement en 1852, indiquant des résultats antérieurs. Ce
renseignement était donc bien loin d'être exact en 1864.

Nous ne craignons pas de le dire : c'est trop d'oubli, c'est trop méconnaître le sujet même de ses propres travaux, c'est trop prétendre aussi que de vouloir instruire ses concitoyens des *richesses des Pyrénées*, aux temps actuels, et de n'y point mentionner une industrie qui, dans quelques années, serait la plus importante et la plus prospère des Pyrénées, si des hommes d'initiative et guidés par un esprit industriel bien entendu, accouraient dans ces montagnes toutes remplies de ces richesses dédaignées, pour les exploiter avec science et les produire avec goût et discernement.

M. Cénac-Moncaut établit longuement la situation de l'industrie minière dans les Pyrénées en 1785 et 1860 ; mais il a suivi dans ces détails tous les errements des auteurs qui ont écrit avant lui. Ils donnent dans leurs ouvrages des nomenclatures sans fin des mines, gîtes, exploitations minières actuelles ou anciennes ; ils déplorent le délaissement d'un grand nombre de mines de diverses espèces de métaux, mais ils se taisent complétement sur l'abandon étonnant dont les marbres sont entourés.

— Pourtant il est facile d'établir de quel côté viendraient les bons résultats dans la reprise des travaux sur les mines ou sur les marbres.

Pour exploiter les mines de quelque métal que ce soit, il faut subir des formalités sans fin pour obtenir les concessions, des fouilles très-profondes pour atteindre et suivre les filons, des travaux souterrains prodigieusement coûteux, des chances terribles de déviation ou d'appauvrissement subit des gîtes minéraux, enfin, et avant tout bénéfice possible, des dépenses énormes pour les constructions d'usines où le minérai sera traité métallurgiquement avant d'obtenir une forme commerciale ; de telle sorte qu'après bien des frais, de peines et de labeurs, les Sociétés minières parviennent à peine, dans bien des cas, à compenser leur passif par leur actif.

Pour exploiter les marbres, au contraire, ni fouilles souterraines, ni galeries prolongées, ni préparations mécaniques pénibles. Point de lourds capitaux à exposer, point de chances à courir, point d'épuisement à redouter. On obtient de suite un produit qui ne se détériore et ne s'altère point en magasins et dont la valeur n'est point sujette aux variations trop fréquentes dont la plupart des métaux sont victimes. Et le succès de l'entreprise ne dépendrait que de l'habileté de l'exploitant à diriger les travaux d'extraction et de fabrication, conformément à ce que nous dirons dans le titre suivant, et de ses connaissances industrielles pour faire apprécier par le public le mérite de ses produits et se procurer ainsi des débouchés considérables.

CHAPITRE II.

PERFECTIONNEMENTS ET AMÉLIORATIONS A INTRODUIRE.

L'industrie des marbres se divise en trois branches tout à fait distinctes, très-rarement exercées par le même commerçant, et qui consistent dans :

1° L'exploitation des carrières.
2° Le commerce en gros.
3° La fabrication des ouvrages de marbrerie.

Telles seront les trois sections naturelles de notre chapitre.

1° Exploitation des carrières.

Nous exposerons d'abord la situation actuelle des exploitations marbrières dans les Pyrénées, et après en avoir indiqué les vices et défectuosités, nous indiquerons les moyens et les procédés à suivre pour les éviter.

Les carrières ou gisements de marbres pyrénéens appartiennent soit aux particuliers, soit aux communes.

Quand ces marbres sont renfermés dans de grands domaines forestiers, il est rare que l'on en tire parti. Les propriétaires hésitent avec raison à se livrer à des extractions qui, pour être utiles ou fructueuses, les entraîneraient dans des embarras très-complexes, occasionnés par la direction à donner aux travaux, la juste appréciation de leurs produits et les détails d'un commerce spécial qui exige des connaissances très-particulières. Aussi, n'osant point affronter tant de difficultés, préfèrent-ils laisser leurs gisements inexploités.

Leur ressource unique, pour ne point les maintenir en non-valeur quand ils sont à proximité de routes, consiste à les affermer à des ouvriers carriers qui les exploitent partiellement à leurs frais, risques et périls.

Les communes propriétaires de gisements usent des mêmes moyens, et leurs carrières sont plus souvent exploitées que celles des particuliers, parce que le prix de leur fermage est notablement moins élevé. Les terrains qui contiennent les carrières sont généralement des sols rocailleux arides, sans valeur, et que l'on dénomme *vacants*. Rien n'y croît, aucune verdure ne les recouvre, ils n'ont aucune utilité pour les communes, de telle sorte que les exploitants peuvent obtenir la location des carrières à des prix de loyer annuel très-bas et très-minimes.

Ces marbres ne sont exploités que par des ouvriers carriers du pays.

Or, ne possédant d'autres connaissances pour la bonne direction d'une exploitation de cette nature que celles d'une trop vieille routine, ces ouvriers ignorent complétement la science des mines qui a pour objet de faire connaître la forme, la puissance et la disposition du gîte, et les procédés pratiques pour produire avec économie, sagesse et prévoyance afin de préparer et assurer, par un bon aménagement, l'avenir de la carrière.

Bien que de telles extractions faites ordinairement à ciel ouvert n'exigent point des études aussi longues que pour les extractions souterraines, il n'en est pas moins vrai que la géologie et la mécanique peuvent y avoir de nombreuses et très-utiles applications.

Et si l'incurie ou l'ignorance de ces ouvriers étaient moins grandes, ils éviteraient aisément les trois vices actuels des exploitations marbrières dont nous devons parler.

— Le premier et le plus déplorable de ces abus consiste dans l'usage des *coups de mine* pour opérer l'abattage des blocs de marbre. Les ouvriers, pour abréger leur travail et pour économiser quelques heures, tracent à peine dans la masse du gisement le bloc qu'ils veulent extraire, puis ils font sauter à la mine une roche très-grosse, crevassée de toutes parts, et dont ils ne peuvent prévoir d'avance ni les dimensions ni la forme. Lorsque

2

le bloc a roulé dans la carrière, ils se mettent en devoir de l'é-
quarrir autant qu'il est possible. Ils sont obligés pour cela de
sacrifier et de briser une portion de matière presque égale au
bloc qui ressortira de ce travail d'équarrissage, de sorte que pour
obtenir un mètre cube de marbre, on emploie la contenance, au
minimum, de deux mètres cubes de roche.

De là trois inconvénients majeurs :

1° Perte notable de matière sans profit.

2° Difformité du bloc ainsi extrait.

3° Ebranlement général de la masse et spécialement du bloc
rejeté dans la carrière.

Par ce procédé, rien n'est réglé ; on ne peut parvenir à posséder un bloc d'une dimension certaine. Il en résulte que lorsqu'il
s'agit de travailler ce marbre et d'en exécuter un ouvrage quelconque de marbrerie, il y a un déchet nouveau, et certaines parties du bloc perdent toute utilité. Nous n'avons pas besoin de
dire que le mal est bien plus grand encore si ce bloc, destiné
d'avance à une exécution spéciale, ne peut obtenir les mesures
de hauteur et de longueur qui lui sont indispensables.

Lors même que le hasard favoriserait les désirs du carrier, en
lui permettant d'arriver aux dimensions voulues, le bloc perd
néanmoins beaucoup de valeur par les fissures, fils et fêlures
qui se déclarent au moment de l'explosion et qui sont occasionnés inévitablement par cet ébranlement violent.

A tous égards, ce procédé d'extraction est donc radicalement
vicieux et devrait être d'autant plus promptement abandonné
que le procédé dont on fait usage dans une exploitation bien conduite assure des résultats très-précieux et offre des avantages
très-positifs.

Cette méthode, que la science des Mines nomme l'*abattage à la
trace*, consiste à isoler le bloc que l'on veut extraire dans le sens
le plus favorable à sa plus grande compacité, par des entailles et
tranchées faites avec des pics ou l'instrument nommé la *pointe-
role*, jusqu'à ce qu'il n'adhère plus à la masse que par un de ses
côtés. Alors, on achève de le détacher à l'aide de coins ou par
une série de petits coups de mine que l'on enflamme au moyen
d'une seule traînée de poudre.

Par ce procédé, on obtient des blocs de toutes grandeurs. La

hauteur, la largeur et la longueur peuvent être réglées d'avance,
et l'on possède ainsi des marbres parfaits dans leur forme et sains
dans leur structure, que les commerçants connaisseurs apprécient
à une valeur double, dans le même volume, de ceux qui ont
été extraits à la mine.

— Il est aussi une condition essentielle d'une sage extraction
que les ouvriers inhabiles négligent également : c'est de tailler
et extraire les blocs dans le sens le plus propice à leur contexture
et à la disposition de leurs couleurs et bigarrures. Il faudrait
une étude spéciale pour juger sainement la direction géologique
des gisements, la forme la plus avantageuse à donner aux blocs
en tenant compte de l'inclinaison que présente souvent le lit de
la carrière ; enfin, pour bien suivre les allures et nuances des
veines et en disposer la coupure de façon à ce que les plus grands
effets des couleurs et la plus parfaite homogénéité de la pâte du
marbre puissent se trouver au centre du bloc.

Aussi, au mépris de tous ces détails, on voit chaque jour et
partout des marbres affreusement disposés. Les couleurs, les
effets produits par les nervures ou caprices des veines, au lieu
d'être distribués avec harmonie sur l'ensemble de la décoration,
produisent, au contraire, un éclat désagréable en attirant l'œil
vers un point excentrique de l'ouvrage de marbrerie que l'on a
devant les yeux. Défauts et imprévoyance qui peuvent être re-
marqués dans les ornements en marbre de Sarrancolin, placés
dans la salle d'attente de la gare à Bagnères-de-Bigorre.

Enfin, — et c'est le troisième vice d'exploitation que nous
avons à mentionner, — dans un pays où le marbre est extrêmement abondant en variétés et dispositions si multiples, on a la
maladresse d'exploiter, par insouciance, les marbres sans qualité et sans attraits avec la même faveur que les marbres les
plus riches et les plus estimés. Un choix intelligent serait à faire
et c'est ce qui manque encore dans les travaux de carrières aux
Pyrénées. Nous avons vu à Bagnères, chez des marbriers re-
nommés, des blocs et des ouvrages de marbre si dépourvus de
tout mérite que nous ne pouvons nous expliquer les raisons qui
les ont fait mettre en usage. Si l'emploi de ces matières ternes
et défectueuses est dû à une cause de bon marché dans l'extraction, c'est un mauvais calcul, car les décors et ornements exé-

cutés avec ces marbres contribuent à faire déprécier d'autres matières qui leur sont très-supérieures, et jettent ainsi imprudemment une défaveur fâcheuse sur les marbres pyrénéens.

2° Commerce des marbres en gros.

Le vice radical du commerce des marbres en gros réside dans son organisation anormale, qui a pour conséquence directe un renchérissement excessif de la matière première, surtout à Paris.

4ᵉ ARTICLE.
8 juillet 1869

Nous avons dit précédemment que la plupart des carrières de marbre des Pyrénées, — et les exceptions sont très-rares, — sont exploitées par des ouvriers carriers du pays qui tiennent les carrières en fermage, soit des communes, soit des particuliers. Le bénéfice que prélèvent ces ouvriers est bien minime; pourtant quand ces marbres arrivent à Paris, le prix en est presque décuplé. C'est un point que nous allons rendre facile à comprendre en retraçant tous les frais successifs qu'un bloc de marbre est obligé de subir avant d'être emmagasiné à Paris.

Un ouvrier a loué une carrière; il paie une redevance annuelle peu lourde, il est vrai, mais qui doit être comptée en considération des faibles extractions de celui qui en use. Après avoir extrait un bloc de marbre, un peu au hasard, sans calcul de dimensions ni de forme, il le vend à Tarbes, Bagnères ou autre ville voisine du lieu d'extraction et où il faut le transporter par chars attelés de bœufs. Le marbrier en gros l'emmagasine et le revend après plus ou moins de temps à un autre marbrier de Paris ou de toute autre grande ville qui le livrera aux fabricants et ouvriers marbriers chargés de travaux de leur profession.

Donc, le détail des frais et bénéfices à prélever pour constituer la valeur vénale d'un bloc rendu à Paris peut être fait ainsi qu'il suit :

1° Part proportionnelle dans le prix de fermage annuel de la carrière que l'ouvrier doit payer à la commune.

2° Frais d'extraction, travail et bénéfice de l'ouvrier.

3° Transport chez le marchand commissionnaire du pays.

4° Chargements, déchargements et manipulations.

5° Emmagasinage chez le marbrier-commissionnaire ; intérêt de son argent avancé, dont il faut tenir compte.

6° Déchets, cassures, bris qui peuvent survenir dans ces divers maniements.

7° Vente par le marchand-commissionnaire au marbrier en gros des autres villes ; bénéfice à prélever.

8° Transport à Paris et nouvelles manipulations tant au départ qu'à l'arrivée.

9° Octroi de Paris.

10° Vente au fabricant-marbrier par le marchand en gros de Paris. Bénéfice de ce dernier à compter, et dans lequel il faut comprendre des frais extraordinaires d'entrepôt et d'emmagasinage occasionnés à Paris par la cherté des vastes terrains nécessaires à leur établissement.

C'est ainsi que tel bloc de marbre qui, au sortir de la carrière, vaut, au prix du pays, 60 à 100 fr., atteint à Paris le chiffre réel de 650 à 850 fr., pour représenter le montant de tous les frais, risques et bénéfices revenant aux intermédiaires.

Cette disproportion entre les deux prix peut paraître excessive et incroyable, et pourtant elle est d'une exactitude facile à constater.

Il est évident que les grandes maisons de commerce qui ont pu simplifier une marche aussi embarrassée, et qui sont parvenues à amoindrir les frais d'intermédiaires, ont dû réaliser des bénéfices exceptionnels. Mais, à deux ou trois exceptions près, le commerce en gros de Paris est encore assujetti à toutes les complications que nous venons d'énumérer.

Quand on aura obtenu, par une organisation nouvelle de ce commerce, un amoindrissement des frais d'entremise et la suppression d'une partie des manipulations et transports, toujours dispendieux, puisqu'il s'agit de matières très-lourdes et très-difficiles à mouvoir, on arrivera sûrement, dans les prix des marbres en gros, à un abaissement qui pourra être d'autant plus sensible que les réductions de frais et commissions seront mieux combinées.

— Terminons ce paragraphe par une dernière observation concernant le grand commerce des marbres.

Nous avons dit déjà combien est petit le nombre des variétés de marbres français connues et mises en usage à Paris. Les marbriers ont suivi jusqu'à présent un système de commerce peu propre à les faire connaître et juger favorablement. Nous le démontrerons par un fait anormal et presque inouï.

Nous nous sommes présenté récemment, à Paris, dans un des premiers établissements du commerce en gros des marbres.

Nous avons demandé connaître quels étaient les marbres français mis en vente, et nous avons prié la personne qui nous accompagnait de nous les indiquer.

Nous avons été conduit devant plusieurs blocs de marbre brut ou en tranches. Le nom en a été donné. Mais comment juger des couleurs et allures de la pierre ? Tout le monde sait qu'à l'état brut, les plus beaux marbres sont poussiéreux, ternes et sans couleurs apparentes.

Nous avons donc désiré voir des *échantillons* préparés et polis ; on s'est trouvé dans l'impossibilité de satisfaire à nos désirs.

Nous nous sommes demandé, en sortant de ces magasins, s'il existe en France une seule autre industrie qui ne puisse produire à ses visiteurs des échantillons des marchandises à vendre. Ce n'est pas admissible ; nous avons donc été surpris que de notables commerçants pussent être aussi imprévoyants.

Ce simple détail n'indique-t-il pas une négligence impardonnable et une absence totale de ce bon esprit industriel qui recherche tous les moyens de faire connaître ses produits et de les présenter sous leurs attraits les plus favorables. Ainsi, les visiteurs qui ne sont pas initiés à la connaissance des marbres et qui font exécuter des travaux de marbrerie, n'ont d'autre moyen, pour faire leur choix, que de suivre les indications de leur architecte, sans pouvoir juger par eux-mêmes. Cela nous paraît un véritable inconvénient dans ces temps de nombreuses constructions, où les propriétaires s'intéressent très-souvent aux travaux qui s'accomplissent pour eux, et se font un plaisir ou un passe-temps d'en régler certains details.

Nous dirons même que nous ne croyons pas que le commerce en gros de Paris puisse produire une seule collection d'échantillons de marbres quelque peu complète.

Il serait très-utile que l'on entreprît ce travail, que tous les marbres français surtout fussent réunis en catégories diverses, classés, catalogués et tarifés, afin que le choix des intéressés fût plus facile et plus prompt.

Ce serait le moyen le plus efficace non-seulement d'attirer l'attention sur les marbres français, mais sur l'industrie entière des marbres ; car il est à présumer que si la connaissance des marbres, de leurs beautés et de leur prix, qu'on suppose très fréquemment être encore supérieur à celui qui existe, était plus répandue dans le public, ils seraient certainement d'un emploi plus général.

L'architecte Rondelet, dans son grand *Traité d'Architecture*, dont nous produisons un extrait dans notre Appendice, conseille d'établir la comparaison entre les marbres français et les marbres italiens, par la gravure et le dessin. Mais les couleurs des marbres sont trop inextricables, le plus souvent, pour que ce procédé puisse être employé utilement.

Par des échantillons bien choisis, placés en lieu apparent, nos marbres seraient promptement vulgarisés et bien mieux connus que par le passé. Ils ne tarderaient pas à acquérir la réputation qu'ils méritent, et feraient aux marbres d'Italie une concurrence très-sérieuse, parce qu'on pourrait enfin juger de leur valeur et les acheter à moins de frais.

Il faut se souvenir que les marbres français n'ont point été appelés à la même célébrité que les marbres italiens, et que, par suite, ils ont beaucoup d'efforts à faire pour être aussi universellement connus que ces derniers.

Ceux-ci, en effet, ont eu le sort heureux de figurer dans les monuments les plus illustres de l'ancienne Rome. Les colonnes du Panthéon, par exemple, sont en marbre jaune de Sienne. Or, ce marbre, malgré l'unité et la régularité de sa teinte, pourrait assurément trouver des égaux sur le sol français. D'où vient donc sa renommée exclusive ? Il est permis de croire qu'elle a été occasionnée surtout par le monument dans lequel ce marbre figure ; on a admiré l'œuvre, son architecture, ses décors et ses colonnes, et c'est ainsi que le marbre de Sienne a acquis le renom qu'il partage avec le monument d'éternelle célébrité auquel il sert d'ornement.

Nos marbres français n'ont point eu un destin aussi propice, et nous devons apporter d'autant plus de soins à les produire que leur valeur intrinsèque n'est point inférieure à celle des marbres italiens. Il ne s'agit que de lutter contre le trop grand oubli dans lequel, sauf quelques rares exceptions, on les a toujours laissés, ou contre l'indifférence qui les a privés du grand renom qu'ils étaient appelés à conquérir dans l'architecture monumentale.

— De tout ce qui précède, on peut conclure que d'immenses améliorations doivent être introduites sans retard dans le commerce en gros des marbres français.

Celui qui les réalisera pourra livrer à l'industrie parisienne des marbres des Pyrénées meilleurs, mieux choisis et plus beaux que ceux dont on fait usage présentement. On pourrait, en outre, les offrir à des prix très-modérés et sensiblement inférieurs à toutes les taxes officiellement en cours.

3° Fabrication. — Travail du marbre.

Il nous resterait à parler des perfectionnements dont le travail du marbre serait susceptible. Mais ces explications nous entraîneraient dans une multitude de détails techniques dont l'énonciation serait trop fastidieuse pour nos lecteurs.

Au surplus, il suffira de dire que les anciens procédés de fabrication sont encore les meilleurs, et que l'on arrivera difficilement à innover d'une manière vraiment utile dans ce que nos vieux livres nous enseignent sur les moyens et méthodes à suivre pour bien exécuter les trois opérations principales du travail du marbre, et qui se résument en ces trois mots : *débiter, tailler* et *polir*.

La plus grande amélioration que l'on puisse désirer dans cette partie de l'industrie des marbres consisterait à faire un emploi plus général de machines propres à aider les ouvriers dans leurs travaux.

Nous nous éloignons chaque jour des temps où l'usage des marbres français était si restreint que telles machines ne pouvaient être d'aucune application, et nous avons l'espoir de les voir plus fréquemment employées à l'avenir.

Si l'auteur qui écrivait les lignes suivantes, en 1830, avait

vécu de nos jours, il n'aurait point eu lieu, sûrement, de faire
entendre les plaintes que nous transcrivons :

« Des projets de scieries, dit-il, tracés par nous et destinés à
» divers points des versants septentrionaux des Pyrénées, des
» nouvelles machines pour tourner nos marbres en colonnes, pour
» les transformer en cippes sépulcraux, en baignoires et en
» simples mortiers, sont demeurés presque sans utilité dans nos
» mains, parce que la concurrence des marbres d'Italie existe
» encore. »

Nous ferons observer, en terminant, que dans l'industrie des
marbres comme dans toutes les fabrications, il existe des procédés factices pour obtenir en peu de temps des effets qui, dans
une exécution plus consciencieuse, exigeraient des frais et des
détails que l'on évite. Mais on ne saurait trop blâmer l'emploi
de tels moyens qui constituent une tromperie plus préjudiciable
au commerçant qu'au public qui en est victime.

Nous aimons à croire que l'industrie parisienne réprouve l'u-
sage de tels procédés, et nous avons voulu seulement rappeler à
son souvenir la ligne de conduite honnête qu'elle ne doit jamais
abandonner.

CHAPITRE III.

DÉVELOPPEMENT FUTUR DE L'INDUSTRIE DES MARBRES.

5ᵉ Article.
22 juillet 1869.

Chaque industrie ne se divise ordinairement qu'en deux sections distinctes, comprenant, d'un côté, la production et le
commerce de gros ou de matière brute, et, d'un autre côté, la
fabrication ou commerce spécial de la matière ouvrée. Nous
avons vu précédemment qu'il n'en est point ainsi dans l'industrie
des marbres, et que les commerçants en gros exploitent rarement
les carrières. Néanmoins, comme nous n'avons, dans le présent
titre, qu'à envisager les résultats probables du développement

qui doit survenir dans l'industrie des marbres, nous n'étendrons nos observations qu'au commerce général et en gros, et au commerce de fabrication et de travaux de marbrerie.

1° Commerce général des marbres.

Il est évident que le commerce en gros ne pourra obtenir certains développements qu'à la suite d'applications nouvelles ou plus universelles des œuvres de marbrerie, telles que nous les examinerons dans le paragraphe suivant; mais, indépendamment des avantages qu'on doit attendre d'un emploi plus fréquent des marbres dans les constructions et dans les ornementations publiques ou privées, il doit chercher à se développer dans sa propre sphère par l'*exportation*, en s'efforçant de faire pénétrer et apprécier ses plus beaux produits à l'extérieur et par l'amoindrissement de l'*importation*, en faisant une concurrence active à tous les marbres étrangers introduits en France.

L'*exportation* actuelle des marbres français, malgré la progression très-apparente qu'elle subit chaque année, ne dépasse pas le chiffre de douze cents mètres cubes de marbres, soit bruts, soit ouvrés. Leur valeur n'atteint pas deux millions de francs, tandis que les importations étrangères s'élèvent, comme nous le verrons ci-après, à plus de neuf millions.

Et cependant, l'exportation de nos marbres serait d'autant plus facile vers l'Angleterre, la Russie et tous les autres pays du nord de la France, que l'on peut en opérer le transport par bateaux, en les embarquant soit à Bayonne, soit à Bordeaux. Et, comme le disait, il y a plus de quarante ans, un député de la Restauration, cité dans notre Appendice, les marbres français pourraient promptement, sur les marchés de ces divers pays, remplacer les marbres d'Italie qui leur coûtent si cher.

L'Angleterre, dont les terrains houillers forment toute la richesse, par la vaste étendue de leurs gisements et l'excellence de leurs produits, ne possède qu'un très-petit nombre de marbres exploités principalement en Ecosse.

Ils sont totalement insuffisants tant en quantités qu'en variétés pour l'approvisionnement de son industrie. Elle en est réduite à recourir aux marbres belges pour la marbrerie commune, et aux marbres d'Italie pour les ouvrages d'art et les travaux de luxe. Les marbres français, on n'en peut douter, recevraient un accueil très-favorable sur les marchés d'Angleterre.

— Quant à la Russie, elle peut trouver dans son immense territoire des marbres de très-bonne qualité probablement, mais l'industrie russe n'a point encore recherché leurs gisements et ne les exploitera pas avant longtemps.

La ville de Saint-Pétersbourg, où règne la mode du marbre, des porphyres et des albâtres, ne peut donc satisfaire ses goûts qu'en ayant recours aux industries des autres nations d'Europe, malgré les prix étonnants auxquels, à cause de ces transports lointains, elle paie les marchandises qui lui sont expédiées.

L'Italie, elle-même, partage les travers des nations qui l'avoisinent, et malgré la richesse bien constatée de ses carrières, elle se pourvoit à l'étranger de certaines espèces de marbres qu'elle ne trouve pas chez elle, il est vrai. — Nous pouvons citer particulièrement notre *marbre rouge du Languedoc*, qui est en grande faveur chez les Italiens. Ils l'emploient en grandes quantités, et la plupart de leurs belles églises en sont décorées.

On comprendra aisément que ces divers pays deviendraient des centres importants d'exportation, si l'industrie française parvenait à obtenir les développements que nous avons désirés.

Quant à l'*importation*, pour juger de l'étendue de la lutte que notre industrie des marbres doit engager avec les pays voisins qui font affluer chez nous leurs marbres et que notre commerce trop routinier consent à payer à des prix ridicules d'exagération, nous allons reproduire un tableau des importations et exportations que l'administration des douanes a publié récemment. Nous le compléterons par des calculs, des bases et des estimations plus compréhensibles, plus nets et plus utiles que ceux de l'administration, et il en ressortira un grave enseignement pour l'industrie générale des marbres en France :

TABLEAU PUBLIÉ PAR L'ADMINISTRATION DES DOUANES.

IMPORTATIONS

MARBRES *Autres que statuaires.*	QUANTITÉS ARRIVÉES				ESTIMATIONS EN DOUANE			
	1er TRIMESTRE.			TOTAL MOYEN de **1869** (4 trimestres).	1er TRIMESTRE.			TOTAL MOYEN de **1869** (4 trimestres).
	1867	**1868**	**1869**		**1867**	**1868**	**1869**	
1° BRUTS OU ÉQUARRIS :	kilog.	kilog.	kilog.	kilog.	fr.	fr.	fr.	fr.
Belgique	648.484	614.906	670.305	2.681.200	71.333	67.639	73.735	294.940
Italie	1.510.257	2.414.060	3.512.615	14.050.460	215.135	262.191	384.696	1.538.784
Autres Pays	85.294	148.609	8.612	34.448	7.343	8.734	948	3.792
2° OUVRÉS ET POLIS	101.160	203.073	281.402	1.125.608	63.822	144.180	176.602	706.408
3° ALBATRE BRUT	280.030	214.300	10.513	78.052	94.857	106.900	9.405	37.602
— ouvrés (objets d'arts)	24.724	68.504	36.821	147.281	84.184	124.648	89.500	358.240
Totaux	2.649.958	3.723.450	4.529.278	18.117.112	536.074	714.292	784.946	2.939.766

EXPORTATIONS

	1867	1868	1869	TOTAL MOYEN	1867	1868	1869	TOTAL MOYEN
MARBRES BRUTS	565.278	590.656	467.537	1.870.148	64.690	100.751	89.084	359.936
— OUVRÉS	179.650	298.614	313.898	1.255.592	137.714	175.012	203.802	815.208
Totaux	744.937	889.273	781.435	3.125.740	202.404	275.763	293.786	1.175.144

TABLEAU COMPLÉMENTAIRE ET EXPLICATIF.

IMPORTATIONS.

MARBRES *Autres que statuaires.*	QUANTITÉS ARRIVÉES.				ESTIMATION PAR MÈTRE CUBE		VALEUR COMMERCIALE			
	1er TRIMESTRE			TOTAL MOYEN de **1869** (4 trimestres).	d'après la douane.	d'après valeur réelle.	1er TRIMESTRE.			TOTAL MOYEN de **1869** (4 trimestres).
	1867	1868	1869				1867	1868	1869	
1° BRUTS OU ÉQUARRIS :	m. cub.	m.cub.	m.cub.	m. cub.	fr.	fr.	fr.	fr.	fr.	fr.
Belgique.............	260	245	208	1.072	275	620	160.580	151.900	166.100	664.640
Italie................	604	965	1.405	5.620	273	1.130	682.520	1.006.450	1.587.650	6.350.450
Autres pays..........	34	59	3	12	316	900	30.600	53.100	2.700	50.800
2° OUVRÉS ET POLIS........	40	105	112	448	1.576	3.500	14.000	367.500	392.600	1.508.000
3° ALBATRE BRUT..........	112	85	8	32	1.175	2.500	280.000	212.500	20.000	80.000
— ouvré (objets d'art).	9	27	14	56	6.397	9.000	81.000	243.000	126.000	504.000
Totaux................	1.058	1.496	1.810	7.240			1.278.700	2.124.450	2.295.110	9.177.890

EXPORTATIONS.

MARBRES	QUANTITÉS ARRIVÉES.				ESTIMATION PAR MÈTRE CUBE		VALEUR COMMERCIALE			
MARBRES BRUTS...........	226	236	187	748	481	750	169.500	177.000	140.250	561.000
— OUVRÉS............	72	119	125	500	1.630	3.000	210.000	357.000	375.000	1.425.000
Totaux................	298	355	312	1.248			385.500	534.000	515.250	1.981.000

Dans ce tableau, il faut signaler particulièrement :

1° Que l'entrée totale des marbres étrangers a été, pour les trois premiers mois de 1869, de 4,529,278 kilog., soit 1,810 mèt. cubes, estimés en douane à 734,946 fr., mais dont la valeur vénale est d'au moins 2,295,110 fr.;

2° Qu'en prenant pour moyenne de l'année 1869 les totaux du premier trimestre comptés quatre fois, nous obtenons pour résultats approximatifs, en 1869 :

Importations : 18,117,112 kilog. de marbres, soit 7,240 mèt. cubes, estimés en douane 2,939,766 fr., et dont la valeur commerciale est d'environ **9 millions 177,890 fr.**

Exportations : 3,125,740 kilog., soit 1,248 mèt. cubes, ayant une valeur réelle de 576,000 fr. environ.

— Nous signalerons aussi des différences inexplicables pour nous, entre les marbres des *autres pays* (ainsi dénommés au tableau) introduits en 1868 et s'élevant à 148,609 kilog., tandis qu'ils ne dépassent point 8,612 kilog. en 1869.

De même, l'albâtre brut arrivant en 1868 par 214,300 kilog. et par 19,513 kilog. seulement en 1869.

Nous remarquerons enfin qu'il ne s'agit en ce tableau que de marbres *autres que statuaires*, et qu'il nous a été impossible de trouver dans le document de l'administration la place occupée par les marbres statuaires.

Conséquemment, si les marbres italiens sont notés, à leur entrée en France, pour le chiffre énorme de 5,620 mètres cubes et pour une valeur réelle de 6 millions 350,450 fr. par an, nous sommes autorisé à penser que les marbres statuaires d'Italie représentent une valeur presque équivalente, ce qui porterait à **douze millions** environ le chiffre des valeurs en marbres importés de l'Italie seulement pendant une année.

— L'étude de ce tableau nous a conduit aux réflexions suivantes :

On se plaignait, à la Chambre des députés, sous la Restauration, de l'impossibilité pour les marbres français de lutter contre les marbres d'Italie, tant que ces derniers ne seraient pas frappés d'un lourd impôt à la frontière, et pourtant les importations d'alors étaient insignifiantes comparativement à celle d'aujourd'hui. — Elles étaient de 4 millions de kilogr. environ et d'une valeur de 380,000 fr., au lieu de 14 millions de francs qu'elles ont atteint de nos jours.

Nous ne raisonnons plus ainsi ; il faut arriver au même but, mais par d'autres moyens.

Celui qui, après avoir lu ces documents, pourrait voir apparaître à ses regards étonnés la beauté et le nombre des marbres français qui sont inconnus, abandonnés ou dédaignés, marbres dont nous avons fait la recherche et sur lesquels nous possédons des renseignements et détails très-précis, que personne n'a jamais assemblés, coordonnés, étudiés avec autant de patience et de soins que nous avons pu le faire. Celui qui pourrait les admirer, les compter et les comparer à tous ceux que nous envoient les sols étrangers, se demanderait avec un sentiment pénible quelle mode absurde nous porte à aller rechercher, loin de France, à des prix excessifs, des marbres qui ne sont pas plus beaux et qui n'ont pas un plus grand mérite que ceux qui gisent sur notre sol, dans un oubli fâcheux.

Il est temps que l'industrie des marbres en France sorte de sa torpeur et de son impuissance.

Elle n'opérera point ce réveil par elle-même. Les notables commerçants qui sont à la tête de cette industrie ne lui ont pas fait faire, depuis longues années, un seul pas vers le progrès.

Il est temps que des hommes nouveaux apparaissent pour mettre la main à l'œuvre.

N'étant soumis à aucune routine traditionnelle, ils s'avanceront hardiment dans une voie inconnue jusqu'à ce jour, pour déclarer, au nom de l'industrie française, une guerre sans trêve aux vieux préjugés qui nous maintiennent ainsi tributaires de l'étranger.

Ils nous montreront les richesses que nous dédaignons dans notre pays, et ils s'efforceront non seulement d'amoindrir par une vive concurrence l'entrée des marbres italiens, mais ils tendront, en outre, à répandre nos produits vers les contrées qui ont été privées par la nature de ces riches matières.

2° Commerce de fabrication et de travaux de marbrerie.

Il y a peu d'années encore que les ouvrages de marbrerie ne s'étendaient guère usuellement qu'aux monuments funéraires et à la confection des chambranles de cheminées.

Nous pouvons même dire qu'il en est encore ainsi dans presque toutes les villes de France autres que celles qui sont situées dans le voisinage des carrières ou de Paris.

Pour le premier usage, les marbres blancs et noirs étaient très-répandus dans le commerce, et les marbres de couleur, presque toujours originaires d'Italie, ne servaient guère qu'à la construction de chambranles plus ou moins ornementés et façonnés par des ouvriers peu nombreux installés à Paris ou dans le pays de production.

Partout ailleurs, il n'y avait ni dépôts de marbres, ni ouvriers marbriers. Les cheminées étaient expédiées toutes faites et avec force frais aux villes de province qui en faisaient la commande.

Dans les tarifs des chambres syndicales de commerce, on ne trouvait aucun tarif spécial à la marbrerie. Cette industrie était constamment confondue avec la fumisterie et la poëlerie. Et c'est ainsi que la marbrerie paraissait exclusivement bornée aux travaux de cheminées.

Quant aux œuvres d'art ou d'ornementation en marbre, elles n'étaient qu'exceptionnelles et excessivement rares. Alors les commandes se dirigeaient vers Paris, et ce n'était qu'à des prix fabuleux que l'on parvenait à faire ces achats : ce n'était qu'à travers de très-grands risques, de longs retards et par des frais extraordinaires que le transport en était opéré.

La fabrication était donc extrêmement limitée. Les carrières de France étaient peu ou point exploitées, et les produits en étaient inconnus à Paris ; ils ne sortaient guère de la contrée d'où ils étaient tirés, et nul ne les connaissait parce que personne ne les employait.

Les difficultés d'extraction, mais surtout les impossibilités matérielles de transport, encore plus graves souvent dans le voisinage des carrières que partout ailleurs ; les prix très-élevés de ces transports et, par suite, le rare usage que l'on faisait du marbre, tout nous fait comprendre pourquoi les exploitations françaises ont été si négligées jusqu'à nos jours.

Mais les progrès inouïs de notre siècle, l'achèvement et l'accroissement admirable, depuis vingt ou trente ans, des routes impériales et départementales à travers des contrées qui en étaient totalement dépourvues, surtout dans les Pyrénées; la construction rapide de nos grands réseaux de chemin de fer; les démolitions incessantes de Paris et des grandes villes; les constructions somptueuses qui s'élèvent à la place de taudis malsains; toutes les améliorations introduites dans le régime économique et industriel de la France, ont ouvert un champ immense de développement et de débouchés très-vastes à des exploitations autrefois trop impossibles.

Déjà quelques carrières ont été reprises; les marbres d'Italie continuent à affluer chez nous avec une progression formidable et désolante, ainsi que le constate le tableau que nous avons donné ci-dessus; et néanmoins les travaux de marbrerie n'ont point encore pris l'extension dont ils sont susceptibles.

Tous les progrès que nous venons de mentionner sont en effet si récents, et tels chemins de fer sont ouverts depuis si peu d'années que personne n'a encore eu le temps de mettre à profit tous ces avantages, ni d'organiser un commerce suffisant de tous les marbres qu'ils peuvent transporter.

Mais l'heure est venue, et nous attendons, comme nous venons de le dire, des hommes entreprenants qui mettront promptement à profit ces puissants et immenses changements et ne tarderont pas à opérer le glorieux réveil de cette belle et précieuse industrie des marbres en France, dans laquelle tout est à refaire et à transformer.

— Après avoir décrit la situation de la fabrication des travaux de marbrerie, il y a quelques années, constatons la situation actuelle :

Les travaux de marbrerie sont présentement exécutés, à Paris, par trois catégories très-distinctes d'ouvriers spéciaux, ainsi classés :

1° Les marbriers en constructions publiques ou particulières;

2° Les marbriers en meubles;

3° Les marbriers en monuments funéraires.

Ces divisions sont tout à fait modernes ; elles nous serviront à classer nos observations relatives au développement dont les travaux de fabrication sont susceptibles.

Premièrement : Marbrerie pour constructions.

Elle se divise en deux branches importantes qui comprennent la marbrerie des travaux publics et la marbrerie des maisons particulières. — Nous aurions à produire un grand nombre d'observations relatives aux agrandissements que les marbriers en constructions doivent rechercher, mais nous nous limiterons aux points principaux de la question en nous réservant d'être plus explicite dans une étude spéciale de ce vaste et intéressant sujet.

1° *Marbrerie de travaux publics.*

Si nous ne connaissions les causes qui empêchent de généraliser l'emploi des marbres, dans nos constructions modernes surtout, en quantités exceptionnelles, telles qu'en exigent les monuments publics ; s'il ne résultait de tout ce que nous avons dit précédemment que des obstacles majeurs à cet accroissement résident principalement dans le prix excessif des marbres italiens, les allures communes et les teintes sans éclat des marbres de Belgique et du Nord de la France, dans l'insuffisance notable et la direction vicieuse des exploitations pyrénéennes, et surtout dans la mauvaise organisation du commerce général des marbres ;

Si nous ne connaissions le défaut d'initiative et parfois l'incapacité des commerçants marbriers, nous serions surpris de la rareté des marbres, et principalement des marbres français dans les monuments publics, tant de Paris que de toutes autres villes de France.

Mais en présence d'une situation irrégulière comme celle du moment présent, rien ne peut nous étonner.

Nous comprenons très-bien que les exploitations françaises sont trop faibles, trop mal réglées et trop peu variées, pour qu'elles puissent fournir des matières assez abondantes à des usages de marbrerie aussi étendus que nous le désirons, et nous avons ainsi l'explication des causes qui motivent l'absence presque totale des marbres français dans nos édifices publics de construction moderne.

Si quelque notable exploitant parvenait avec les capitaux utiles à réorganiser : tant les extractions, en les opérant avec plus de science et d'économie et en variant les espèces de marbres exploités ; tant le commerce de gros, en supprimant une multitude de frais de transports et d'entremise fort inutiles, que le commerce de fabrication en perfectionnant la main-d'œuvre et en y apportant des innovations bien désirables ; cet exploitant arriverait sûrement à produire dans des proportions telles et avec un si grand abaissement de prix, qu'il se trouverait d'un côté en état de fournir en variétés et en quantités indispensables aux travaux publics tous les marbres français dignes d'un tel honneur, et que, d'autre part, les commandes dépasseraient ses prévisions.

Le commerce des marbres serait transformé.

On verrait promptement la ville de Paris surtout, qui étonne l'univers depuis quelques années par la magnificence de ses boulevards spacieux, de ses rues entièrement rebâties et de ses grands édifices publics, utiliser avec empressement une matière aussi riche, aussi solide, aussi belle en couleurs que le marbre, et qui ajouterait subitement tant de splendeur à ses constructions monumentales.

On est autorisé à penser que les questions d'économie sont étrangères à l'exclusion trop manifeste qui a régné jusqu'à ce jour à l'égard des marbres, dans les travaux publics parisiens. Le budget de la ville de Paris est assez puissant pour supporter un surcroît de dépense qui ne le grèverait pas outre mesure et qui apporterait dans ses édifices des améliorations et des embellissements conformes aux traditions de richesse et de grandeur qui nous ont été léguées par les Grecs et les Romains, dont nous sommes les représentants aux temps modernes.

Les pierres dont la ville de Paris s'est servie pour remplacer les marbres lui coûtent fort cher, si on compare la valeur intrinsèque de l'une et de l'autre matière.

Nous voyons en effet que, malgré les sommes colossales qu'elle a prodiguées depuis quinze ans à la construction d'édifices publics de toute nature, ponts, fontaines, églises, théâtres, palais, etc., elle a adopté parfois de singuliers matériaux de construction quand les circonstances commandaient hautement l'emploi de matières plus parfaites.

Nous ne voulons en prendre qu'un exemple dans les parapets des ponts au Change et Saint-Michel et les vasques de la fontaine Saint-Michel.

Ils sont construits avec une pierre dite de l'*Echaillon* (Isère), qui a les allures du marbre, polissable comme lui et dont le prix, à cause de son transport lointain, est équivalent à celui de certains marbres français qui le dépassent de beaucoup en mérite.

Quand cette pierre vient d'être polie, elle possède des teintes rosées qui sont très-agréables et qui séduisent ; mais ce bel effet n'est pas de longue durée, car elle ne peut conserver son poli au grand air et au bout de quelques mois, elle se ternit, se crevasse et s'éraille à ce point qu'elle ne présente plus à l'aspect que les rugosités, les aspérités et les teintes terreuses d'une pierre mal taillée.

Nous voulons dire que son emploi dans les constructions monumentales est d'un si triste usage à l'extérieur que la pierre la plus vulgaire, sans poli et sans prétention, devrait lui être préférée immédiatement.

Il nous est très-difficile d'imaginer les raisons qui font persister la ville de Paris à user de cette matière dans les constructions externes de ses édifices, quand une si déplorable et si coûteuse expérience lui a démontré depuis longtemps les graves imperfections et difformités de ce faux marbre.

On peut donc penser que le prix actuel des marbres à Paris, tout excessif qu'il soit, n'est point la seule cause qui a pu déterminer, jusqu'à présent, la ville de Paris à s'en servir; l'insuffisance de l'approvisionnement du commerce, non dans la quantité, car il en existe des dépôts très-vastes, mais bien dans la qualité et la variété des marbres, a pu y contribuer également. Et c'est un point d'autant plus regrettable que ses architectes en ont été réduits, dans les décors intérieurs, à faire usage du *stuc*, ce marbre factice qui trahit soit la parcimonie, soit l'impossibilité de mieux faire, surtout quand il s'agit de monuments publics dans lesquels on a dépensé des sommes très-larges et très-suffisantes à des embellissements plus sérieux et plus dignes de la postérité.

Nous savons l'objection que l'on ne peut manquer de faire valoir. On nous dira : le stuc coûte moins cher que le marbre et produit le même effet que lui. Nous répondrons : oui, peut-être pour les ignorants et mauvais appréciateurs, mais pour tous autres juges, le stuc est bien différent du marbre, même à la vue. Et en admettant même que la similitude fût parfaite, l'apparence peut-elle remplacer suffisamment la réalité ? Par comparaison, les bijoux en or faux produisent bien les mêmes effets que les bijoux fabriqués en or massif, et cependant les plus petites fortunes s'imposent des sacrifices pour fuir l'imitation et posséder de vrais bijoux.

Il en est de même entre le stuc et le marbre.

L'un constitue le luxe feint et emprunté, l'autre le luxe réel et durable.

N'est-il donc pas choquant, dans les théâtres de la place du Châtelet, par exemple, qui ont été élevés à si grands frais et avec la prétention d'être des monuments parfaits en leur genre et dignes de l'admiration des temps à venir, n'est-il pas choquant de voir apparaître dès le vestibule de simples enduits en stuc, lorsque le luxe déployé à l'ornementation de la salle indiquait nettement que le marbre seul pouvait établir suffisamment une harmonie rationnelle entre elle et le péristyle.

On est donc en droit de blâmer l'emploi du stuc dans une ornementation de cette nature, puisqu'il ne s'agissait que d'un revêtement en marbre dont le prix, avec celui du stuc, existe dans la proportion de 44 à 18 par mètre carré.

Tout le monde conviendra avec nous que cette proportion entre le prix du marbre réel et du marbre factice est, en vérité, peu favorable au dernier.

Ce qui nous porte à conclure que ce n'est point par économie que la ville de Paris a cru devoir employer ces imitations de marbres.

— Combien d'autres municipalités useraient de marbres dans leurs travaux publics, si l'on parvenait à transformer l'industrie marbrière de façon à ce que les travaux pussent être exécutés à des prix plus modérés que présentement, et avec une promptitude et une habileté encore trop rares.

Les administrations municipales, ecclésiastiques ou particulières, séduites par les facilités nouvelles et les bonnes garanties d'exécution que pourrait offrir une industrie qui serait réorganisée conformément aux bases et principes que nous avons développés ci-dessus, ne mettraient sûrement aucun retard à profiter des changements fondamentaux qui résulteraient de telles innovations et qui leur permettraient d'obtenir tous travaux de marbrerie à des conditions que personne n'a encore pu leur proposer.

Il nous faut donc attendre patiemment que les améliorations indiquées par nous puissent se produire en France avant que nos monuments nationaux aient la possibilité de se parer, sans frais exorbitants, des splendeurs que les marbres peuvent leur donner par l'éclat de leurs couleurs et la solidité de leur structure.

2° *Marbrerie de constructions privées.*

De nos jours, le marbre pénètre dans presque toutes les maisons que l'on construit, ne serait-ce que sous forme de chambranles de cheminées.

Tel a été, de tous temps, l'usage le plus fréquent du marbre, et nous pouvons croire qu'il en sera toujours ainsi.

Le commerce produit donc une quantité extraordinaire de cheminées; mais, ainsi que dans toutes les parties de leur industrie, les marbriers ont peu innové en formes de cheminées, et nous pensons qu'on pourrait facilement obtenir des nouveautés en cette spécialité, si les ouvriers étaient assez habiles pour pouvoir varier leurs travaux. Malheureusement, ils ne parviennent à travailler le marbre un peu convenablement qu'en exécutant régulièrement et constamment le même dessin et le même travail. En dehors de cette pratique, leur routine désorientée est totalement impuissante. Une direction nouvelle devrait être donnée à ces exécutions. On devrait former de bons ouvriers capables d'ouvrages divers, et qui feraient sortir l'industrie des marbres de la monotonie de ses productions en cheminées.

Si nous ne connaissions à fond l'incapacité générale des ouvriers marbriers en dehors de leurs travaux traditionnels, nous pourrions leur demander de nouveaux modèles et nous leur proposerions une innovation qui produirait de très-beaux résultats. —

Sans espoir de voir notre proposition accueillie et mise en pratique, nous allons néanmoins nous expliquer :

Ce travail, encore inconnu, consisterait à employer à la confection d'une cheminée plusieurs marbres de diverses couleurs. L'ensemble de l'œuvre serait exécuté, par exemple, en marbre blanc et les ornementations qui y seraient adjointes, feuilles, volutes, griffes ou draperies seraient formées d'un marbre de couleur vive et tranchante, mais offrant une harmonie parfaite avec celui qui formerait le corps de la cheminée.

On arriverait ainsi à des effets vraiment magnifiques et cette nouveauté attirerait promptement des admirateurs et des acheteurs au fabricant qui réaliserait, avant tous, un genre d'exécution dont nous aurions l'avantage d'avoir été le promoteur.

On pourrait ainsi donner aux cheminées une variété infinie de formes et d'allures qui demanderaient, il est vrai, beaucoup d'habileté de la part de l'ouvrier, pour combiner avec goût et avec art l'assemblage des marbres et des ornements, mais qui procurerait à l'industrie marbrière un attrait nouveau auprès du public et une source certaine d'extension pour elle.

Deuxièmement : *Marbrerie pour meubles.*

Notre époque cherche à réaliser un perfectionnement digne d'attention par l'emploi du marbre dans les meubles et objets mobiliers, au moyen d'incrustations et placages.

Nous avons vu des meubles de bois variés incrustés de belles applications de marbres de couleur dont l'effet rehaussait puissamment la richesse du meuble qui en était décoré.

L'ébénisterie d'art et de luxe a donc compris le parti avantageux qu'elle pouvait tirer de cet assemblage bien combiné, et nous l'engageons, de tout notre pouvoir, à persister dans une pratique qui conduira cette industrie à une rénovation réelle qui avait été inconnue jusqu'à nos jours.

Mais malgré le grand pas fait vers le progrès par l'industrie d'ébénisterie, nous devons lui exprimer un désir, que d'autres ont formulé avant nous, probablement, parce qu'il est très naturel et vient à l'esprit de tout appréciateur :

Pourquoi persiste-t-elle à ne parer les meubles ordinaires qu'avec les monotones marbres *Sainte-Anne ?* On croirait vraiment à voir cette persistance et cette exclusion absolue de toute autre espèce, que ces marbres communs sont sans rivaux dans leur bas prix. C'est un abus regrettable, et nous croyons que certains marbres de couleurs vives qui ne seraient pas beaucoup plus coûteux, mais qui auraient un aspect bien autrement attrayant, seraient acceptés avec empressement par le public si les commerçants de meubles qui se sont senti le courage de sortir de leurs habitudes routinières voulaient encore innover d'une manière si opportune.

Nous pouvons prédire à celui qui tentera cette réforme un succès prompt et assuré.

Troisièmement : Marbrerie en monuments funéraires.

Nous n'avons aucune mention spéciale à noter au sujet de ces travaux.

Il suffira de faire remarquer que les exécutions de cette nature ont très-souvent le défaut de manquer de cette simplicité grave et austère qui convient aux souvenirs et regrets dont ils doivent perpétuer la mémoire.

CHAPITRE IV.

GÉNÉRALITÉS. — RÉSUMÉ. — CONCLUSION.

Si l'industrie marbrière, dont l'importance peut en quelque sorte être considérée comme l'expression du degré d'aisance et de civilisation d'un peuple, n'a pas encore pris, en France, le développement dont elle est digne et que notre siècle de luxe et de progrès est en droit d'attendre d'elle, nous croyons pouvoir attribuer cet état d'atonie et d'inertie à trois causes principales que nous allons énumérer.

Nous rappelons qu'au point de vue pratique et commercial, trois conditions essentielles de réussite résident dans :

1° La science.
2° Les capitaux.
3° L'esprit industriel.

Or, ces bases certaines de succès et d'améliorations durables ont manqué jusqu'à ce jour aux marbriers praticiens.

Nous allons entrer dans quelques explications à cet égard.

1° La science.

Si nos marbres français sont encore trop méconnus et trop ignorés, n'est-ce point par la faute des commerçants marbriers?

Ont-ils cherché à s'aider de la science pour la recherche et l'appréciation de nos marbres?

Non.

La géographie physique, statistique et géognostique, aidée et complétée par des voyages, leur eût appris que le sol français est couvert de marbres vraiment précieux et leur en eût indiqué les localités.

Nous sommes parvenu à connaître par nos travaux personnels, nos découvertes et nos voyages, les gisements, la nature, et la situation de 264 ESPÈCES *de beaux marbres situés dans les régions voisines des Pyrénées* et de 230 *autres espèces*, moins remarquables, il est vrai, pour la plupart, et situées dans d'autres parties de la France, du côté des Alpes principalement.

Cet ensemble de documents, que personne, nous en sommes sûr, n'a pu réunir avant, nous formera la base d'un ouvrage que nous préparons (¹).

D'autres ingénieurs auraient pu faire des recherches aussi patientes que les nôtres, en suivant les indications très-brèves et très-incomplètes des traités de minéralogie et de géologie, mais

---

(¹) Notre monographie des marbres comprendra :

1° *Minéralogie des marbres.*— Formation géologique et gisements.

2° *Nomenclature des marbres.*—Antiques (Grèce, Italie, Egypte, Macédoine, Afrique).

     —   Modernes (France, Italie, Espagne).

          Avec leurs noms, descriptions et localités.

3° *Histoire des marbres.*— Antiques : monuments où ils figurent.

     —   Modernes : époques où ils ont été exploités, moyens, usages.

4° *Industrie des marbres.*—Extraction des carrières.

     —   Fabrication de travaux de marbrerie.

nul n'a entrepris cette étude au point de vue pratique et industriel. Sauf donc quelques savants, personne ne sait et même ne soupçonne, en France, notre richesse minéralogique en gisements et carrières de marbres, porphyres, albâtres et autres pierres précieuses. Les marbriers praticiens ont participé eux-mêmes à cette ignorance.

Ouvriers sans science, pour la plupart, que les circonstances ont placé à la tête d'un commerce auxquels ils n'ont été initiés que par une routine traditionnelle, ils ne connaissent les marbres français que par les échantillons qu'ils ont vus dans les ateliers. — Or, comme ces marbres ne s'y trouvent qu'en fort petit nombre, ils ont pu croire que la France était improductive en marbres et ils ont continué à aller se pourvoir à l'étranger. — L'Italie a toujours été, pour eux, le seul pays des marbres riches.

Ceux qui ont entrepris quelques exploitations en France n'ont fait que reprendre des carrières autrefois exploitées; ils n'en ont pas cherché de nouvelles.

Il ne faut pas oublier que ne pouvant, pour les apprécier, appeler à leur aide la *minéralogie et la chimie*, ils n'ont pas osé entreprendre des extractions incertaines pour eux.

Il est bien telles qualités du marbre qu'un regard quelque peu exercé peut distinguer au premier coup d'œil, mais il en est d'autres que de simples essais ne peuvent constater; une expertise est nécessaire.

Ainsi, toute personne vivant au milieu des marbres parviendra bien aisément à connaître si un marbre est *dur* ou sans *résistance*; s'il est *compacte* ou *terrasseux*, c'est-à-dire sujet à des cavités ou fêlures pleines de terre; s'il est d'un grain *fin* ou *grossier*. Mais comment pourra-t-on juger ainsi de la *composition* et de la structure d'un marbre, sans l'analyse chimique?

Or, de cette *composition* dépendent deux qualités essentielles: suivant la nature des matières qui entrent dans sa formation, le marbre sera susceptible de recevoir et conserver un beau et brillant poli ou incapable de le retenir; il pourra être employé dans les monuments et dans l'architecture extérieure, ou l'on ne pourra en faire usage que dans les ornementations et décors intérieurs.

Questions graves qu'un praticien ne pourra résoudre qu'après divers essais successifs, en faisant polir ce marbre et en atten-

dant un certain laps de temps pour connaître les effets de l'air
sur le poli, tandis qu'une analyse chimique convenablement opé-
rée déterminera immédiatement les qualités du marbre.

Comment, sans l'appui de la science, le marbrier pourra-t-il
reconnaitre si un marbre appartient aux terrains primordiaux
ou aux terrains secondaires?

Ces constatations si utiles sont presque impossibles sans la
science. Nous dirons même qu'elles sont indispensables pour la
recherche des marbres, et nous pouvons le prouver.

Toute espèce de pierre calcaire qui se trouve en grandes
masses, c'est-à-dire par couches plus ou moins épaisses, et dont
la texture est homogène, compacte ou cristalline, peut prendre
le nom de *marbre*, quels que soient d'ailleurs son mode de formation et le terrain auquel elle appartient.

Les calcaires secondaires et tertiaires sont susceptibles d'être
exploités comme marbres, aussi bien que les calcaires des terrains plus anciens ; mais pour pouvoir être employés avec succès
il ne suffit pas que ces calcaires soient durs et prennent un beau
poli, il faut encore qu'ils soient de couleurs vives ou qu'ils présentent un mélange agréable de couleurs variées, qualités que
l'on rencontre rarement dans les calcaires modernes.

Les plus beaux marbres sont donc fournis par les calcaires des
terrains primordiaux, et les marbres les plus précieux et les plus
recherchés sont de formation ancienne, — opinion très-contraire
à celle de Buffon, qui niait l'existence des marbres primitifs et
que Palassou osa émettre pour la première fois en 1781. Tous
les minéralogues modernes ont reconnu la vérité des assertions
de ce dernier.

Il est donc évident que, pour déterminer presque à première
vue la nature, la composition et la qualité d'un gisement de
marbre, l'étude géologique du terrain peut déjà fournir, à elle
seule, des indications très-précieuses.

Le minéralogiste attaché à la recherche ou à l'appréciation
des marbres doit donc s'arrêter de préférence à ceux que l'étude
géologique du sol indiquera comme appartenant à des terrains
primordiaux.

Telles sont les applications de la géologie dans la recherche
des marbres, telle est la marche que nous avons suivie, telle est

aussi la cause qui éloigne les praticiens de cette recherche, faute de science.

— La *solidité* d'un marbre, sa résistance à l'écrasement, à la pression d'autres matériaux dans les constructions, doit être déterminée également par des expériences particulières, et elles ne peuvent être exécutées qu'avec l'aide des sciences spéciales.

— Enfin, est-il un marbrier praticien qui puisse croire à une *classification* des marbres autre que celle indiquée par les lieux de production? Le commerce ne connaît que les marbres d'Italie, de France, de Belgique ou d'Espagne, et c'est l'unique classification dont on fasse usage.

Néanmoins, quelques notions de science ne seraient pas à dédaigner à ce sujet, car les classifications admises par les minéralogistes sont très-diverses.

M. DUFRÉNOY, dans son *Traité complet de minéralogie*, ne distingue les marbres que par la *couleur* qui domine en eux et dont il explique ainsi les causes :

Les marbres noirs et gris sont colorés par le bitume et par le charbon ;

Les marbres rouges ont subi l'influence de l'oxyde de fer ;

Les marbres jaunes ou jaunâtres contiennent de l'hydrate de fer ;

La couleur blanche ou veines blanches sont dues à ces calcaires purs ;

Les marbres verts sont le résultat du mélange de calcaire et de schiste talqueux ou de serpentine.

Certains minéralogues attribuent cette couleur verte à la présence du peroxyde de fer.

D'autres ont constaté que la couleur violette était due à la présence du protoxyde de manganèse.

— M. RONDELET, dans son *Traité théorique et pratique de l'art de bâtir*, avait, avant M. Dufrénoy, adopté la même classification.

M. BEUDANT, dons son *Traité de minéralogie*, classe les marbres en *quatre classes* : les marbres simples, unicolores ou veinés ; les marbres brèches ; les marbres composés et les marbres lumachelles.

Dans les arts, on classe seulement les marbres en *antiques* ou *modernes*.

Nous avons adopté une classification plus rationnelle que les précédentes.

Nous divisons les marbres en deux grandes sections, comprenant :

1° Marbres simples, tels que :

1° Marbres blancs ;
2° Bleu Turquin ;
3° Rouge Languedoc ;
4° Jaune de Sienne ;
5° Jaune de l'Aude ;
6° Noir antique.

2° Marbres composés, se subdivisant en :

1° *Composés ordinaires* (nous dénommerons principalement) :

1° Le campan ;
2° Le griotte d'Italie (de Caunes) ;
3° Le vert antique ;
4° Le vert d'Egypte (de Gênes).

2° *Lumachelles* (calcaires coquilliers, ainsi nommés du mot *Lumaca*, limaçon, parce qu'ils sont pétris de *coquilles* diverses dont la couleur est souvent différente de la pâte qui les contient ; on peut citer :

1° Lumachelle d'Italie ;
2° Brocatelle d'Espagne ;
3° Drap mortuaire ;
4° Petit granite ;
5° Lumachelle de Narbonne.

3° *Brèches* et *poudingues* (marbres formés de la réunion de marbres anguleux ou ronds, de grosseur variable, réunis par un ciment calcaire plus ou moins abondant et d'une teinte toujours différente de celle de fragments.

Les principales brèches sont :

1° Brèche violette ;

2° Brêche africaine ;
3°   —   jaune ;
4°   —   tarentaise ;
5°   —   des Pyrénées.

En dehors des marbres proprement dits, on peut en France exploiter avec fruit pour la marbrerie :

1° *Des porphyres* rouges et verts ;
2° *Des albâtres* très-variés et très-riches en couleurs ;
3° *Des granits* très-remarquables ;

Sur les gisements et la conformation desquels nous possédons des documents aussi complets et aussi circonstanciés que sur les marbres.

Nous venons de parler de la formation géologique des marbres, de l'analyse chimique à laquelle ils doivent être soumis pour en préciser la composition ; des qualités et des défauts qui peuvent être observés dans leur structure et constitution ; enfin de la classification sous laquelle ils peuvent, selon nous, être rangés.

Il est un dernier point à déterminer qui, de prime-abord, paraît très-simple, et qui néanmoins ne peut être connu que par une opération scientifique.

Nous voulons parler du *poids* des marbres.

La *pesanteur spécifique* d'un marbre est un point impossible à savoir sans les expériences indiquées par la minéralogie, et ce point est, d'autre part, fort utile à connaître quand on veut apprécier un marbre dont l'exploitation n'a pas encore été entreprise.

Comme le prix des transports est ordinairement la dépense la plus lourde du commerce des marbres, il est indispensable d'être fixé sur le poids réel d'un mètre cube du marbre que l'on étudie afin d'arriver à la connaissance précise des frais que son transport exigera.

En déterminant la pesanteur spécifique d'un fragment quelconque de ce marbre, on obtient immédiatement son poids, au mètre cube.

2° Les capitaux.

Sous la Restauration, on ne voyait d'autre possibilité d'arriver à l'exploitation des marbres que par l'établissement de lourds impôts, à la frontière, sur les marbres étrangers.

On croyait la protection du gouvernement indispensable pour les exploitants. On voulait que l'Etat prît l'engagement de ne se servir que des marbres français.

Aujourd'hui, la protection de l'Etat serait certes un puissant moyen de succès pour celui qui tenterait de ressusciter, non-seulement quelques marbres de France, mais de tirer de l'oubli ceux qui n'ont pas encore pu être exploités.

L'appui du gouvernement, qui peut se traduire soit par des commandes importantes, soit par certaines concessions à prix modique pour les carrières situées dans ses domaines, soit en subventions pour la construction de chemins d'un intérêt commun, serait assurément le principe d'une réussite pour les entrepreneurs qui tenteraient de relever l'industrie des marbres français pour la rendre aussi florissante qu'au siècle de Louis XIV, parce que nous possédons aujourd'hui des moyens d'extraction et surtout des facilités énormes de transports qui étaient alors inconnues.

Mais la plus grande garantie de succès réside dans l'agent principal et indispensable des opérations industrielles : *le capital.*

Avec des sommes suffisantes qui ont manqué à tous ceux qui tentèrent sous la Restauration de rétablir l'exploitation des marbres français, on arriverait à des résultats étonnants.

Les carrières seraient achetées ou louées à très-bas prix, à cause de leur situation que nous avons décrite.

Quelques sections de chemins seraient à faire, il est vrai; mais on serait promptement couvert des sommes avancées pour ces travaux par l'excellente qualité et le prix élevé des marbres dont ces chemins faciliteraient l'accès.

La main-d'œuvre pour ces constructions est très-peu coûteuse dans les Pyrénées et les Alpes. Les terrassements pour l'ouverture des carrières serviraient à construire les chaussées. Il n'y aurait pas de matériaux à acheter, et les chemins constitueraient

à la carrière qu'ils seraient (appelés à desservir une valeur
vingt fois plus grande que celle du prix d'achat.

Le matériel des extractions a peu d'importance et n'entraîne-
rait que des dépenses minimes.

Nous avons établi un compte détaillé de tous les frais qu'entraîneraient de telles exploitations. Sans les reproduire ici, à
cause de leur étendue, nous pouvons affirmer avoir puisé les
bases de nos calculs, dans le pays même et dans des tarifs
incontestables.

Indépendamment des difficultés de transport qui existaient
encore au commencement de ce siècle dans les régions du Midi
de la France, nous pouvons dire, avec M. Cénac-Moncaut, cité
dans notre *Appendice*, que : « Jusqu'ici les efforts, les tentatives
nous semblent avoir eu dans les départements pyrénéens un
caractère trop individuel, trop restreint ; de là, des mécomptes,
des iusuccès regrettables.

3° L'Esprit industriel.

Nous avons noté dans nos chapitres précédents les diverses
circonstances où les grands commerçants marbriers nous paraissent avoir manqué de ce bon esprit industriel qui est la base
fondamentale de tout commerce bien entendu.

Ils n'ont pas su profiter des facilités de transport pour abaisser
le prix des marbres, qui est tout aussi élevé qu'au commencement de ce siècle, quand les routes des Pyrénées étaient encore
très-incomplètes, et quand les chemins de fer et certains canaux
n'étant pas créés, et quand, par suite, le transport des marbres
ne pouvait s'effectuer qu'au moyen des frais exorbitants et des
lenteurs de roulage très-préjudiciables.

Ils n'ont pas perfectionné leurs exécutions et n'ont pas recherché les moyens de les varier.

Indifférents aux marbres français, ils ont puisé leurs produits
partout où leurs traditions routinières leur indiquait des exploitations, bien que le prix de ces marbres fût fort élevé.

Ils n'ont pas compris que ces prix excessifs entravaient la marche de leur industrie et que le peu de variétés des marbres,

étrangers ou français, mis dans le commerce n'offraient que monotonie dans leurs productions et dépréciaient leur industrie.

Ils ont agi en simples manœuvres, sous la direction des architectes, sans songer à prendre par eux-mêmes une initiative toute naturelle dans leur spécialité, par une connaissance approfondie des marbres français et étrangers, par des innovations intelligentes et capables d'attirer l'attention publique, par la recherche enfin d'une plus grande extension de leur commerce, tant à Paris que dans la plupart des villes de France, où les travaux de marbrerie sont très-rares.

— Celui qui pourrait donc réunir ces trois éléments assurés de succès :

1° La connaissance complète et raisonnée des marbres ;

2° Les capitaux utiles ;

3° L'esprit industriel,

Cet entrepreneur ne tarderait pas à faire sortir les beaux marbres français de l'abandon où ils sont laissés, et l'industrie marbrière des pratiques et formes routinières qui la rendent impuissante et la maintiennent en arrière des progrès modernes.

Les résultats qui seraient obtenus se résuméraient, savoir :

Pour les marbres français, dans le rétablissement de leur ancienne réputation.

Pour l'industrie marbrière, en une transformation qui l'élèverait à la hauteur qu'elle doit atteindre par des travaux plus parfaits, plus variés, plus conformes à la science et plus économiques.

Pour le public, en la création d'un commerce organisé sur des bases qui tendraient à la vulgarisation du marbre par l'abondance de la production et l'abaissement des prix.

Pour les Pyrénées et les Alpes, en une nouvelle source de gain et d'industrie pour leurs habitants.

Pour la France entière, en l'avantage d'être délivrée de tout tribut envers les marbres étrangers que ceux de France remplaceraient promptement.

Pour les capitalistes de l'entreprise, en des bénéfices établis d'après des documents certains et des tarifs officiels.

Notre tâche est terminée. Il ne nous reste plus qu'à exprimer le vœu de voir arriver bientôt le jour où la grande industrie des marbres se réveillera de sa profonde et longue inaction en mettant sagement à profit les immenses richesses que nos carrières inconnues et inexploitées renferment encore dans leur sein.

Soumise au perfectionnement que la loi du progrès lui impose, aidée par des innovations et des transformations que nous avons signalées, elle pourra enfin conquérir le puissant développement et la prompte vulgarisation qui lui assureront, comme aux temps antiques, une prospérité croissante et une renommée impérissable.

APPENDICE.

— Nous croyons utile de terminer cette brochure par
quelques citations exprimant les jugements et les vœux
des plumes les plus autorisées, au sujet des marbres des
Pyrénées et de France, en général.

1. D'abord, HENRI II écrivait aux consuls de Saint-Gaudens en ces termes :

« Les beaux marbres rouges, blancs et verts de votre pays
sont choses qui équipollent bien ceux que l'on porte ici, à
grand coût, de Gênes, et suis marri qu'on n'ait continué à
en tirer comme par le passé et du temps de mon Seigneur et
Père.... Fesant aorner certaines parties de ce mien chasteau
de Saint-Germain-en-Laie, je voudrois avoir aucuns de vos
marbres à cest effet, et si, par adventure, vous m'obligez en cela,
vous me trouverez toujours bon prince à vous servir, mesmes si
vous les envoïés tost, ores il y ait loen de vos montagnes à ceste
mienne maison. »

2. Plus tard, HENRI IV demanda pour l'ornement des
Tuileries, de Saint-Germain-en-Laye et de Fontainebleau, des marbres du Languedoc et du Midi ; il écrivait
lui-même au connétable Bonne de Lesdiguières :

« Mon Compère,

» Celui qui vous rendra la présente est un marbrier que j'ai
fait venir expressément de Paris, pour visiter les lieux où il y
aura des marbres beaux et faciles à transporter à Paris, pour
l'enrichissement de mes maisons des Tuileries, Saint-Germain-
en-Laye et Fontainebleau, en mes provinces de Languedoc, Provence et Dauphiné, et pour ce qu'il pourra avoir besoin de votre
assistance, tant pour visiter les marbres qui sont en votre gouvernement que les faire transporter comme je lui ai com-

mandé. Je vous 'prie de le favoriser en ce qu'il aura besoin de vous. — *Vous savez comme c'est chose que j'affectionne*, qui me fait croire que vous l'affectionnez aussi, et qu'il y va de mon contentement.

» Sur ce, Dieu vous ait, mon compère, en sa garde.

» Le 3 octobre, à Chambéry.

» HENRI. »

— Le 3 octobre 1600, probablement après la conquête de la Savoie par Henri IV.

3. DIDEROT, dans l'*Encyclopédie méthodique*, écrivait :

« Quoique les montagnes de France soient aussi remplies de carrières de marbre qu'aucun autre des Etats voisins, et qu'il y ait des marbres français capables de le disputer en finesse de grain, en dureté et en poli aux plus beaux marbres étrangers, ce n'est guère cependant que depuis la surintendance de M. Colbert qu'on s'est appliqué sérieusement à exploiter celles qui étaient découvertes et à en fouiller de nouvelles *qui n'ont pas fait regretter les peines et les dépenses qu'il en a coûté d'abord.*

» Les provinces de France où se trouve le plus grand nombre de carrières de marbres et où les marbres sont les plus beaux, sont : *la Provence, le Languedoc et celles qui sont voisines des Pyrénées.* »

4. GIRAULT DE SAINT-FARGEAU, dans son *Dictionnaire géographique*, parlait ainsi des marbres pyrénéens :

« Dans des temps reculés, les richesses minérales de la France avaient été appréciées à leur juste valeur ; et aujourd'hui, dans ce siècle où l'industrie est parvenue à l'apogée de son développement, l'exploitation des carrières du Languedoc et des Pyrénées est pour ainsi dire abandonnée ou ne consiste qu'en quelques entreprises particulières. — Chez une nation voisine, avec laquelle nous ne devrions rivaliser que pour la surpasser dans son industrie, des milliers d'hommes et de machines seraient employés à extraire du sein de la terre ces trésors précieux qui deviendraient pour ce peuple une nouvelle branche d'industrie et de commerce. »

5. M. Virlet (Théodore), *ingénieur des mines*, chargé de plusieurs missions scientifiques par le gouvernement, s'exprime ainsi sur les *marbres antiques* :

« Les Egyptiens qui avaient chez eux de si belles matières de construction, et les Grecs qui habitaient le pays des marbres par excellence, ont rarement été chercher des marbres au loin; tandis que les Romains, celui de tous les peuples de l'antiquité qui a mis le plus de luxe dans la construction des monuments, en ont été chercher dans presque tous les pays du monde. Partout où ils ont pénétré, ils ont eu le talent d'y découvrir de fort beaux marbres; *et il est certain que la France surtout leur en a fourni un très-grand nombre*, qu'ils ont transporté jusqu'à Rome. *On les ramène aujourd'hui, à grands frais, sous le nom de Marbres antiques*, dans les lieux d'où probablement ils ont été tirés; il ne faudrait donc que se donner la peine de chercher, pour retrouver sur notre sol la plupart des marbres qui ont été employés à la décoration de leurs monuments. »

6. Une Description *des départements du midi de la France* contient ce passage :

« A l'époque de la renaissance des arts on voulut employer les matériaux précieux que fournissent abondamment les montagnes de cette partie du royaume (les Pyrénées).

» Lors de son voyage à Toulouse, François Ier chargea Jean de Bernuy, conseiller au Parlement, du soin de faire extraire quelques marbres des Pyrénées pour l'embellissement des maisons royales. — Bernuy exécuta les ordres de son maître et fit exploiter plusieurs carrières sous la surveillance de Bachelier, sculpteur Toulousain, élève de Michel-Ange. — Plusieurs blocs pris dans le Bigorre et le Comminges descendirent à Toulouse, sur des radeaux, en 1536. Ces marbres furent employés à Rambouillet.

» Henri II demanda aux consuls de Saint-Gaudens des marbres des Pyrénées.

» Henri IV demanda pour l'ornement des Tuileries, de Saint-Germain-en-Laye et de Fontainebleau, des marbres du Languedoc, de la Provence et du Dauphiné ([1]).

([1]) Nous avons reproduit ci-dessus les lettres de ces deux rois.

» Né et élevé dans les Pyrénées, ce prince vit les marbres de ces montagnes employés avec profusion dans le Béarn et la Basse-Navarre.....

» *On continua d'extraire* pour le compte du roi et pour les églises, sous le règne de Louis XIII, *beaucoup de marbres des Pyrénées ; mais les exploitations prirent un plus grand accroissement lorsque Louis XIV conçut le projet d'en embellir toutes les maisons royales et d'en créer de nouvelles.* — Par ses ordres, toutes les carrières du royaume furent recherchées. On trouva dans la vallée de Barousse, à Sost, les marques des travaux des Romains, ainsi qu'à Saint-Béat et en plusieurs autres lieux.

» Ce fut sous le règne de Louis XIV que les belles carrières de Sarrancolin et de Beyrède furent ouvertes en grand, et que les matières qu'on en tira et qui prirent le nom de marbres d'*Antin* (¹), furent employés avec profusion dans la capitale et dans tous les palais.

» Campan fournit aussi de magnifiques colonnes que l'on voit encore au petit Trianon.

» Ce ne fut guère que vers le milieu du règne de Louis XV que les carrières des Pyrénées furent abandonnées.

» Alors la mode voulut que tous les marbres fussent tirés d'Italie.

» Les seuls marbriers de Toulouse, de Pau et de Cannes, employaient encore les marbres français ; mais pour les faire accepter, presque tous leur attribuaient une origine étrangère. — Sans cette précaution, on aurait rejeté avec dédain ces marbres superbes, qui décoraient cependant nos temples et les palais des rois.

» En 1607, ces marbres furent indiqués au gouvernement, mais ce n'est qu'environ quatorze ans après qu'ils sont devenus l'objet de travaux suivis.

» Les géognostes se sont en général trop peu occupés de cette partie utile de la science.

» Ils ont, sans doute, déterminé avec un rare talent les limites des différents terrains et l'ancienneté respective des diverses formations ; mais ces généralités n'ont été d'aucun avantage pour les arts, et jusqu'à nos jours *on ne possédait sur les marbres français que des notions extrêmement vagues.*

(¹) Voir ce que nous avons dit ci-dessus, page 10.

» Quelques architectes en ont, à la vérité, donné des nomenclatures, mais avec une inexactitude qui étonne. La plupart des noms de lieux sont tellement corrompus dans les ouvrages des auteurs qu'on ne saurait se servir utilement des indications qu'ils paraissent offrir. »

— Il continue ainsi :

« Dans plusieurs mémoires, présentés à diverses époques, l'auteur de cet ouvrage a cherché à exciter les administrations diverses à protéger d'une manière spéciale l'exploitation des marbres des Pyrénées et du Languedoc, tandis que, d'un autre côté, il engageait de riches particuliers à diriger leurs spéculations commerciales vers la mise en valeur des carrières les plus importantes. Par ses soins, différents marbres, oubliés depuis longtemps, ont reparu avec avantage ; *mais il reste beaucoup à faire pour donner à cette branche de l'industrie française l'extension dont elle est susceptible.* »

7. Le comte de Clarac, *membre de l'Institut*, conservateur des antiques au musée du Louvre, s'exprime ainsi dans son *Musée de sculpture* :

« La France est un des pays les plus abondants en marbres, il est peu de ses départements qui n'en produisent, et quelques-uns en possèdent plusieurs espèces qui ne sont pas tous aussi riches en couleurs que ceux d'Espagne, d'Italie et de Sicile, mais dont souvent cependant ils peuvent soutenir la comparaison pour la beauté et la bonté. Je ne leur ferai pas le tort de les mettre en parallèle avec ceux de la Belgique, qui leur sont très-inférieurs de tous points et qu'on dédaignerait si l'exploitation de nos marbrières, prenant plus d'activité, permettait de mettre les marbres à des prix plus modérés.

» *C'est dans le Midi surtout, dans le Languedoc et les Pyrénées;* que se trouvent les qualités les plus recherchées de différents marbres, et nous verrons qu'il y en a auxquels, dans le commerce, on donne des noms qui feraient croire qu'ils viennent d'Italie, tandis que ce sont des productions de la France.

» Les carrières des Pyrénées et du Languedoc ont été exploitées de temps immémorial, et tout autorise même à croire qu'elles furent pour la plupart connues des Romains et qu'ils en tiraient une grande quantité de marbres. Il est bien à désirer que l'on profite mieux des richesses que d'autres départements possèdent en brêches variées, en granits, en porphyres de plusieurs espèces, en serpentine qui approche du vert-de-mer et en autres pierres de ce genre.

» Il serait facile d'en tirer des blocs énormes, des obélisques, des colonnes de plus de soixante pieds de longueur, et en matières très-belles et très-saines, qui résisteraient à tous les efforts du temps.

» Les monuments, les églises qui embellissent Paris et les grandes villes ne seraient pas condamnés à n'être que de pierre d'un ton froid et terne, que l'inclémence de l'atmosphère et l'humidité détruisent ou altèrent si promptement; tandis que le moindre palais, la plus petite église d'Italie, sont brillants de marbre et de granit, et qu'à Saint-Pétersbourg on construit des temples et des palais en marbre, ornés de colonnes colossales en granit dont le fut est d'une seule pièce. »

Plus loin, parlant des marbres *blancs statuaires* des Pyrénées, l'auteur dit :

« Il serait bien important de pouvoir, ainsi que le désiraient Henri IV et Louis XIV, nous affranchir du tribut que nous payons à Carrare, qui nous traite comme des gens qui ont de grands besoins, qui s'arrangent de tout et dont on ne craint pas la concurrence. Il s'agirait de faciliter le transport de blocs jusqu'à Toulouse, soit en raffermissant quelques endroits de la route, soit en rendant navigables quelques parties de la Garonne. Ces dépenses, qui ne seraient pas très-considérables, se trouveraient bien compensées par les avantages que l'exploitation de ces carrières procurerait à la France, qui n'aurait plus besoin d'avoir recours aux marbres étrangers pour embellir ses monuments, et pour transmettre à la postérité les chefs-d'œuvre de sa sculpture. »

8. M. Héricart de Thury, *ingénieur en chef des mines*, dit :

« Nous avons des marbres auxquels les autres nations attachent un si grand prix, que *leur exportation pourrait devenir une branche importante de commerce, si on les exploitait.*

» La Révolution et le gouvernement Impérial essayèrent d'employer les marbres de France, mais rien ne fut fait.

» Les marbres français qui figurent dans les édifices bâtis à cette époque (le Louvre, l'arc de triomphe du Carrousel, salle des Députés, St-Cloud, etc.) n'étaient pas récemment exploités ; ils se trouvaient dans les magasins de l'Etat. Ils avaient été sauvés du château de Meudon, que Louis XIV avait décoré de plus de 250 colonnes des plus beaux marbres français. »

Le même Auteur, s'adressant à la Chambre des Députés dont il faisait partie sous la Restauration, s'exprime ainsi :

« De l'aveu des minéralogistes et de nos plus habiles statuaires, les marbres blancs des Pyrénées sont au moins égaux en beauté et en qualité *aux plus beaux marbres de Carrare*. Ils présentent une grande analogie avec le marbre de Paros et quelques uns avec le Pentélique.

» Cependant leurs qualités mêmes deviennent pour les artistes d'un ordre inférieur et surtout pour les praticiens un pretexte de dépréciation, parce que ces marbres sont plus durs que ceux de Carrare, et conséquemment un peu plus difficiles à travailler, tandis que cette qualité, qui peut avoir quelque inconvénient pour le sculpteur, est d'un avantage réel pour les Arts et pour la Société, puisque les marbres de Carrare se détériorent asssz facilement à l'air, et que les nôtres supportent sans aucune altération les injures des saisons et des siècles, et que les monuments auxquels on les emploie passent à la postérité la plus reculée.

» De plus, au jugement du premier sculpteur du Roi, si les marbres des Pyrénées sont plus difficiles à ébaucher, le travail devient plus facile lorsqu'il s'agit de terminer l'ouvrage, et ce marbre comporte une finesse de détail qu'on ne pouvait obtenir de celui de Carrare.....

» Enfin, il est évident que le marbre de Carrare ne doit la préférence qu'il obtient qu'aux préjugés des ouvriers et à l'avidité de quelques commerçants, et il est déplorable qu'une opposition de ce genre ait prévalu jusques ici sur l'intérêt général. »

— Il ajoute :

« Il ne s'élève pas d'objections contre les marbres de couleur des Pyrénées et du Languedoc. On ne nie pas qu'ils soient aussi facilés à travailler que ceux d'Italie, qu'ils ne les égalent par la variété et la vivacité des couleurs, la finesse du grain, et vous avez, Messieurs, sous les yeux, un exemple du bel effet que produisent les marbres indigènes, puisque votre salle des séances et ses dépendances ne sont décorées que de marbres français.

» Cependant tel est l'effet de la prévention et du goût pour tout ce qui est etranger, que l'on recherche toujours les marbres qui viennent ou sont censés venir d'Italie; car plusieurs espèces de marbres qui se vendent comme marbres d'Italie, notamment celui appelé *griotte*, ont été de tout temps extraits de nos carrières, où les Italiens eux-mêmes viennent s'en approvisionner. »

9. M. DE PUYMAURIN, député sous la Restauration, s'exprimait ainsi à la Chambre :

« Chargé par le ministre de l'intérieur de vérifier la situation actuelle des carrières de marbre blanc statuaire et d'autres espèces qui, par leur beauté, pourraient remplacer les marbres étrangers, et nous délivrer du tribut que paie l'industrie française à l'Italie et à la Belgique, j'ai examiné la manière dont les carrières sont exploitées.

» Selon moi, les blancs statuaires pourraient remplacer dans les achats du gouvernement, les marbres de Carrare, jusqu'à présent, les seuls employés en France pour la confection des grandes statues, la décoration des temples et autres monuments publics ou particuliers.

» Depuis le premier emploi des marbres des Pyrénées, sous Henri II, les marbres français ont eu à lutter contre l'engouement naturel des Français pour tout ce qui est étranger, et contre les manœuvres des marbriers, presques tous Italiens, ainsi que les ébaucheurs de statues.

» Les vallées de Campan, de Beaudean, de Bagnères-de-Luchon, de Saint-Béat, de Barousse, et celles du département de l'Ariége, *offrent une variété prodigieuse de marbres dont la plus grande partie ne sont pas exploités.*

» C'est au gouvernement à ouvrir à cette industrie un nouveau débouché ; il peut nous donner la facilité, par la Garonne et par le port de Bordeaux, d'établir un commerce de marbres, tout à l'avantage de la France, avec le nord de l'Europe, même avec l'Angleterre. Nos marbres remplaceront dans leurs marchés les marbres d'Italie, et Bordeaux peut devenir un entrepôt d'un commerce considérable en marbres et même en objets fabriqués, tels que statues, chambranles, tables, etc.

» *Que le gouvernement ouvre les yeux sur les richesses de ce genre enfouies depuis tant de siècles; qu'il aide les entrepreneurs de sa puissante protection, et la France n'aura plus à envier et à payer les marbres d'Italie.* »

> Le gouvernement d'alors fit bien quelques efforts pour aider l'exploitation des marbres français ; mais les entrepreneurs ne surent pas ou ne purent point maintenir leurs exploitations à cause des difficultés de transport, totalement disparues aujourd'hui, et tout est retombé dans l'état d'oubli et d'abandon qui avait précédé ces essais d'exploitation prématurés. Nous en recueillons la raison dans l'ouvrage déjà cité de M. Cénac-Moncaut : *Les richesses des Pyrénées françaises.*

« Jusqu'ici, dit-il, les efforts, les tentatives d'exploitation nous semblent avoir eu dans les départements pyrénéens un caractère trop individuel, trop restreint ; de là, des mécomptes, des insuccès regrettables. »

> 10. Rondelet, *Architecte, membre de l'Institut,* auteur du *Traité théorique et pratique de l'Art de bâtir,* s'exprime ainsi sur les marbres de France :

« Il y a en France des marbres de toutes les espèces, aussi beaux que ceux d'Italie et d'Espagne. Ils peuvent être comparés aux marbres antiques les plus estimés.

» Mais la célébrité dont jouissent depuis si longtemps les marbres étrangers, l'habitude et le défaut d'exploitation de nos carrières sont les seules causes qui nous ont rendu jusqu'à présent tributaires, pour cet objet, de l'Espagne et de l'Italie.

« Il se trouve des carrières dans presque tous les départements.

» Si l'on voulait décrire tous les marbres de France, ce travail formerait seul un ouvrage considérable. »

Ailleurs le même auteur dit encore :

« Quoique Pline ait dit qu'il n'était pas de pays qui ne fournît son marbre particulier, les resssouces que la France peut offrir en ce genre paraissent avoir été peu connues des anciens. A peine même le sont-elles aujourd'hui des modernes, et cependant *nous possédons, dans chaque espèce, des marbres qui égalent, sous tous les rapports, non seulement ceux de l'Italie, mais encore ceux que les Romains tiraient à si grands frais de la Grèce et de l'Egypte.*

Paris. — Typographie de E. BRIÈRE, 257, Rue Saint-Honoré.

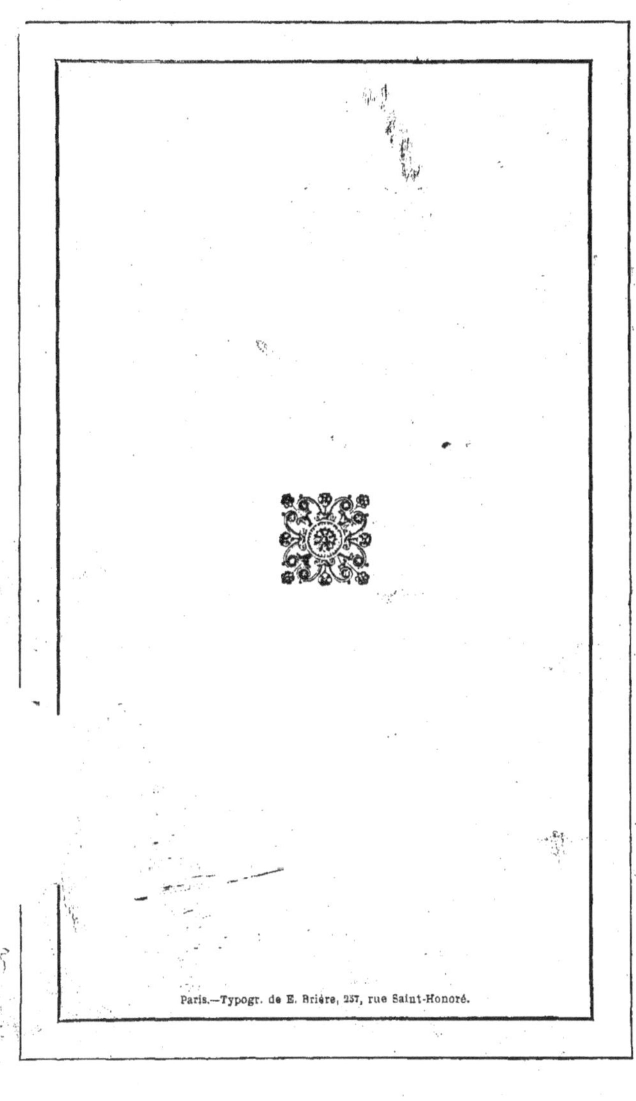

Paris.—Typogr. de E. Brière, 257, rue Saint-Honoré.

www.ingramcontent.com/pod-product-compliance
Lightning Source LLC
LaVergne TN
LVHW012055030726
842523LV00002B/535